Matemática para o Ensino Fundamental

Caderno de Atividades
8º ano
volume 1

1ª Edição

Manoel Benedito Rodrigues
Carlos Nely C. de Oliveira
Mário Abbondati

São Paulo
2020

Digitação, Diagramação: Sueli Cardoso dos Santos - suly.santos@gmail.com
Elizabeth Miranda da Silva - elizabeth.ms2015@gmail.com

www.editorapolicarpo.com.br
contato: contato@editorapolicarpo.com.br

Dados Internacionais de Catalogação, na Publicação (CIP)

(Câmara Brasileira do Livro, SP, Brasil)

Rodrigues, Manoel Benedito. Oliveira, Carlos Nely C. de.

Abbondati, Mário

Matemática / Manoel Benedito Rodrigues. Carlos Nely C. de Oliveira. Mário Abbondati
- São Paulo: Editora Policarpo, **1ª Ed.** - 2020
ISBN: 978-85-7237-012-7
1. Matemática 2. Ensino fundamental
I. Rodrigues, Manoel Benedito II. Título.

Índices para catálogo sistemático:

Todos os direitos reservados à:
EDITORA POLICARPO LTDA
Rua Dr. Rafael de Barros, 175 - Conj. 01
São Paulo - SP - CEP: 04003-041
Tel./Fax: (11) 3288 - 0895
Tel.: (11) 3284 - 8916

Índice

I	PRINCÍPIO FUNDAMENTAL DE CONTAGEM	01
II	DESCOBRINDO PADRÕES NUMÉRICOS	07
III	POTENCIAÇÃO	14
IV	DÍZIMA PERIÓDICA	20
V	ALGUNS CONJUNTOS NUMÉRICOS	26
VI	CÁLCULO ALGÉBRICO	31
VII	EQUAÇÕES DO PRIMEIRO GRAU	65
VIII	SISTEMAS DO 1º GRAU	77
IX	TRANSFORMAÇÕES GEOMÉTRICAS	99
X	SEGMENTOS	111
XI	ÂNGULOS	117
XII	PARALELISMO	125

I. PRINCÍPIO FUNDAMENTAL DE CONTAGEM

Na resolução de problemas do tipo:

1) João levou 3 bermudas e 4 camisetas, em uma viagem. De quantos modos ele pode se vestir, usando uma camiseta e uma bermuda?

2) Quantos números de 2 algarismos podemos formar com os algarismos, 0,1, 2, 3, 4 e 5?

E em muitos outros onde queremos determinar o número que há de possibilidades em uma situação bem definida, usamos o que chamamos de **princípio fundamental de contagem (PFC)**.

Exemplo 1: Quantos anagramas podemos formar com as letras da palavras EVA?

Resolução: São chamados anagramas as "palavras" que podemos formar com as letras E, V e A.

1º modo: Como, neste caso, o número de anagramas é pequeno, podemos, seguindo um critério, escrever as "palavras", sem deixar "escapar" nenhuma. Isto é:

Que começam com E   ⇒   E V A e E A V

Que começam com V   ⇒   V A E e V E A

Que começam com A   ⇒   A V E e A E V

Note que há 6 enagramas com as letras da palavra E V A.

2º modo: Como o anagrama é feito sem repetir as letras dadas, temos:

A 1ª letra pode ser escolhida entre as 3 dadas.

A 2ª letra pode ser escolhida entre os 2 que sobraram.

A 3ª letra é a que sobrou.

Sendo **N** o número de anagramas, temos: $N = 3 \cdot 2 \cdot 1 \Rightarrow N = 6$

Este modo é o mais usado na resolução de problemas

3º modo: Fazemos um diagrama, chamado diagrama de árvore

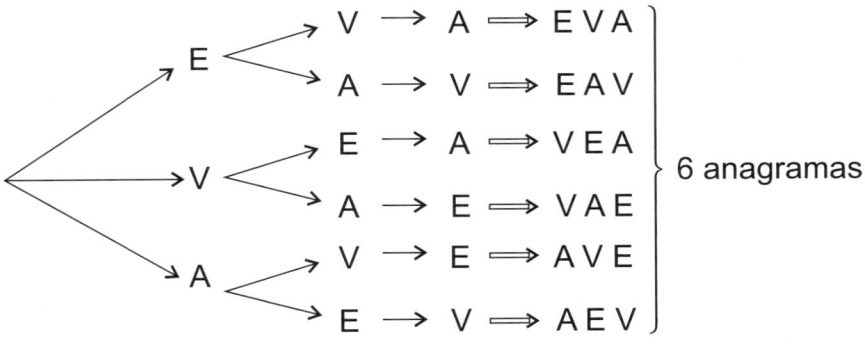

Obs.: Quando o número de possibilidades for grande, o 1º e 3º modos são usados apenas como parte do raciocínio, e resolvemos do 2º modo.

Resposta: 6

Exemplo 2: Quantos anagramas podemos formar com as letras da palavra **CONTAGEM**?

Resolução: Note que neste caso é conveniente determinarmos os números de possibilidades para a 1ª, 2ª, . . . letras da "palavra", que terá 8 letras.

A 1ª letra podemos escolher entre as 8

A 2ª letra podemos escolher entre as 7 restantes. E assim por diante.

Então, sendo N o número de anagramas ("palavras"), temos:

N = 8 · 7 · 6 · 5 · 4 · 3 · 2 · 1 ⇒ N = 40 320

Resposta: 40 320

Exemplo 3: Quantos números de 2 algarismos podemos formar com os algarismos 1, 2, 3, 4, 5, 6, 7.

Resolução: Servem os números 11, 12, 13, . . ., os números 21, 22, 23, . . . etc.

Então, podemos escolher o 1º algarismo entre os 7 dados, e como os algarismos podem ser repetidos, o 2º algarismo também pode ser escolhido entre os 7 dados. Então, sendo **N** o número de números, temos:

N = 7 · 7 ⇒ N = 49

Resposta: 49

Exemplo 4: Com os algarismos 1, 2, 3, 4, 5, 6 e 7, quantos números de **dois algarismos distintos** podemos formar?

Resolução: Note que servem os números 21, 12, 34, 47, etc e não servem os números 11, 22, 33, 44, 55, 66 e 77 (7 números).

1º modo: Determinamos todos, inclusive os com algarismos repetidos, e tiramos estes.

N = 7 · 7 – 7 ⇒ N = 49 – 7 ⇒ N = 42

2º modo: Como o 1º algarismo tem que ser diferente do 2º, há 7 escolhas para o 1º e 6 para o segundo, então:

N = 7 · 6 ⇒ N = 42. Note que este modo é melhor.

Resposta: 42

Exemplo 5: Ligando duas cidades **A** e **B** existem 2 estradas e ligando **B** a outra cidade **C**, existem 3 estradas. De quantas maneiras uma pessoa pode ir, por essas estradas, da cidade **A** até **C**?

Resolução:

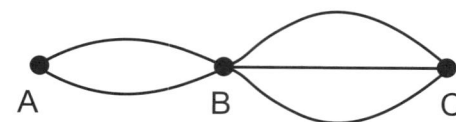

Para ir de A até B há 2 modos e para ir de B até C há 3 modos.

Então, para ir de A a C passando, passando por B, temos:

N = 2 · 3 ⇒ N = 6.

Resposta: 6

1 Uma sorveteria oferece 6 sabores diferentes de sorvete. Pode-se ainda escolher o sorvete na casquinha ou no copinho. De quantas maneiras diferentes uma pessoa pode fazer o pedido de um sorvete com um único sabor?

2 Temos três cidades X, Y e Z. Existem 4 rodovias que ligam X com Y e 5 que ligam Y com Z. Partindo de X e passando por Y, de quantas formas diferentes podemos chegar a Z?

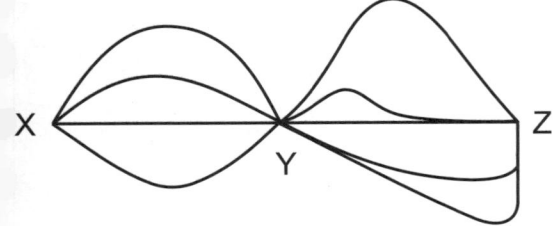

3 Um estádio de futebol tem 10 portões. De quantas maneiras diferentes uma pessoa pode entrar por um portão e sair por outro?

4 Um teste contém 2 questões tipo múltipla escolha, com 5 alternativas cada uma. De quantas maneiras diferentes esse teste pode ser respondido?

5 Num baile, há 12 cavalheiros e 15 damas. Quantos pares diferentes formados por um cavalheiro e uma dama são possíveis de serem formados para uma dança?

6 A senha de acesso a um serviço de Internet é composta de uma vogal e uma consoante, nessa ordem, ambas provenientes do nome do cliente. Quantas opções de senha possível terá uma pessoa de nome Marli Bueno?

7 Dispondo dos algarismos 1, 2, 3, 4, 5, pergunta-se:
a) quantos números de 2 algarismos podemos formar?
b) quantos números de 2 algarismos distintos podemos formar?
c) quantos números pares de 2 algarismos podemos formar?

8 Quantos números de três algarismos podemos formar com os números: 1, 3, 5, 7 e 9?

9 Um restaurante possui 5 opções de salada, 4 opções de prato quente e 3 opções de sobremesa. Quantos pedidos diferentes um cliente desse restaurante pode fazer?

10 Uma lanchonete oferece no cardápio 5 tipos de suco, 8 tipos de sanduíches, 6 sabores de sorvete diferentes e 4 coberturas diferentes para o sorvete. Uma pessoa deseja escolher um suco, um sanduíche, um sorvete e uma cobertura para o sorvete. De quantas maneiras distintas a pessoa poderá fazer o seu pedido?

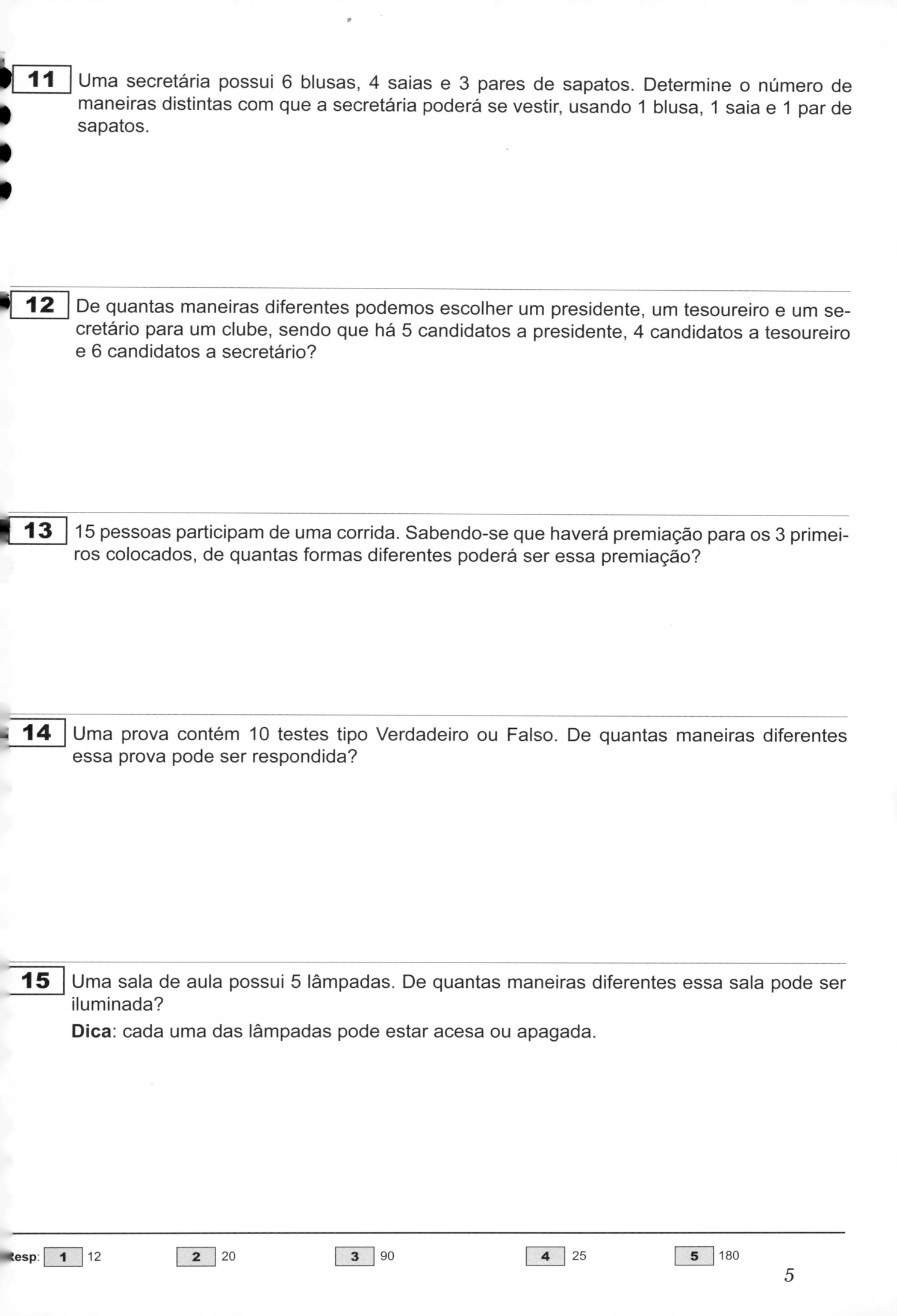

11 Uma secretária possui 6 blusas, 4 saias e 3 pares de sapatos. Determine o número de maneiras distintas com que a secretária poderá se vestir, usando 1 blusa, 1 saia e 1 par de sapatos.

12 De quantas maneiras diferentes podemos escolher um presidente, um tesoureiro e um secretário para um clube, sendo que há 5 candidatos a presidente, 4 candidatos a tesoureiro e 6 candidatos a secretário?

13 15 pessoas participam de uma corrida. Sabendo-se que haverá premiação para os 3 primeiros colocados, de quantas formas diferentes poderá ser essa premiação?

14 Uma prova contém 10 testes tipo Verdadeiro ou Falso. De quantas maneiras diferentes essa prova pode ser respondida?

15 Uma sala de aula possui 5 lâmpadas. De quantas maneiras diferentes essa sala pode ser iluminada?
Dica: cada uma das lâmpadas pode estar acesa ou apagada.

Resp: **1** 12   **2** 20   **3** 90   **4** 25   **5** 180

16 Um código é formado por uma letra acompanhada de 3 algarismos. Quantos códigos diferentes podem ser formados? Lembrar que há 26 letras no nosso alfabeto.

17 Quantas placas de carro diferentes são possíveis de serem formadas com 3 letras e 4 algarismos?

18 A senha de um banco é formada por 4 algarismos (podendo repetir algarismos e começar com 0).

a) Quantas senhas diferentes são possíveis de serem formadas?

b) Se uma pessoa mal-intencionada quer adivinhar a senha de outra pessoa, e sabe que essa senha é uma data de aniversário, quantas escolhas diferentes ela terá?

19 Dispondo-se dos algarismos: 1, 2, 3, 4, 5, 6, 7, pergunta-se:

a) Quantos números de 3 algarismos podemos formar?
b) Quantos números pares de 3 algarismos podemos formar?
c) Quantos números formados por 3 algarismos distintos podemos formar?

20 Dispondo-se dos algarismos 0, 1, 2, 3, 4, 5, 6, 7, quantos números de 3 algarismos podem ser formados?

II DESCOBRINDO PADRÕES NUMÉRICOS

21 Determine um padrão nas sequências abaixo (uma regularidade) e descubra os dois próximos elementos, em cada caso.

a) 2, 4, 6, 8, 10, _____, _____

b) 1, 3, 5, 7, 9, _____, _____

c) 0, 7, 14, 21, 28, _____, _____

d) 1, 4, 7, 10, 13, _____, _____

e) 17, 13, 9, 5, 1, _____, _____

f) 2, 4, 8, 16, 32, _____, _____

g) 2, 6, 18, 54, 162, _____, _____

h) 80, 40, 20, 10, 5, _____, _____

i) 1, 2, 4, 7, 11, 16, _____, _____

j) 1, 2, 3, 5, 8, 13, _____, _____

k) 1, 2, 6, 24, 120, _____, _____

22 A tabela abaixo mostra uma sequência e a posição de cada elemento nessa sequência.

Posição	1	2	3	4	5
Sequência	2	4	6	8	10

a) Qual é o 6º elemento dessa sequência?
b) Qual é o 10º termo dessa sequência?
c) Qual é o 40º termo dessa sequência?
d) Determine o n-ésimo termo dessa sequência.

resp: **6** 25 **7** a) 25 b) 20 c) 10 **8** 125 **9** 60 **10** 960
11 72 **12** 120 **13** 2 730 **14** 1 024 **15** 31

23 A tabela abaixo mostra uma sequência e a posição de cada elemento nessa sequência.

Posição	1	2	3	4	5
Sequência	1	3	5	7	9

a) Qual é o 6º elemento dessa sequência?

b) Qual é o 12º termo dessa sequência?

c) Qual é o 100º termo dessa sequência?

d) Determine o n-ésimo termo dessa sequência.

24 A tabela abaixo mostra uma sequência e a posição de cada elemento nessa sequência.

Posição	1	2	3	4	5
Sequência	3	6	9	12	15

a) Qual é o 6º elemento dessa sequência?

b) Qual é o 9º termo dessa sequência?

c) Qual é o 50º termo dessa sequência?

d) Determine o n-ésimo termo dessa sequência.

25 A tabela abaixo mostra uma sequência e a posição de cada elemento nessa sequência.

Posição	1	2	3	4	5
Sequência	1	4	9	16	25

a) Qual é o 6º elemento dessa sequência?
b) Qual é o 9º termo dessa sequência?
c) Qual é o 50º termo dessa sequência?
d) Determine o n-ésimo termo dessa sequência.

26 (OBI) Uma série de diagramas com triângulos é construída usando palitos de fósforo, como mostrado na figura abaixo:

a) De quantos palitos precisamos para construir o diagrama 5?
b) De quantos palitos precisamos para construir o diagrama 60?
c) De quantos palitos precisamos para montar o diagrama de ordem **n**?
d) Qual o número do maior diagrama que podemos formar dispondo de 90 palitos?

1
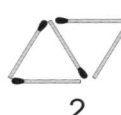
2
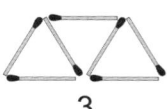
3
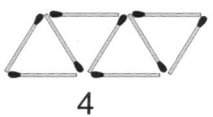
4

Resp: **16** 26 000   **17** 175 760 000   **18** a) 10 000 b) 365   **19** a) 343 b) 147 c) 210   **20** 448
21 a) 12, 14   b) 11, 13   c) 35, 42   d) 16, 19   e) –3, –7   f) 64, 128   g) 486, 1458   h) $\frac{5}{2}, \frac{5}{4}$ i) 22, 29
j) 21, 34   k) 720, 5040   **22** a) 12   b) 20   c) 80   d) 2n

27 (UFAL - adaptado) Samuel está construindo uma sequência de quadrados com palitos de fósforos conforme figura abaixo.

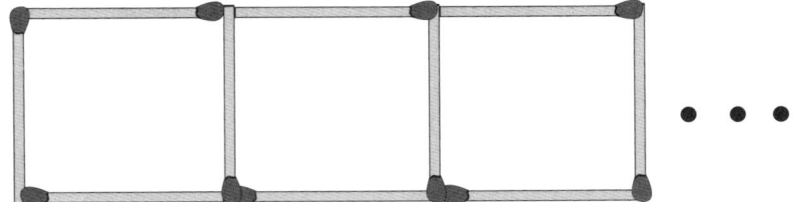

a) De quantos palitos precisamos para construir 60 quadrados?
b) De quantos palitos precisamos para construir n quadrados?
c) Se dispomos de 200 palitos, qual é o número de quadrados que é possível construir?

28 Considere a sequência dada pelo número de cubos em cada figura:

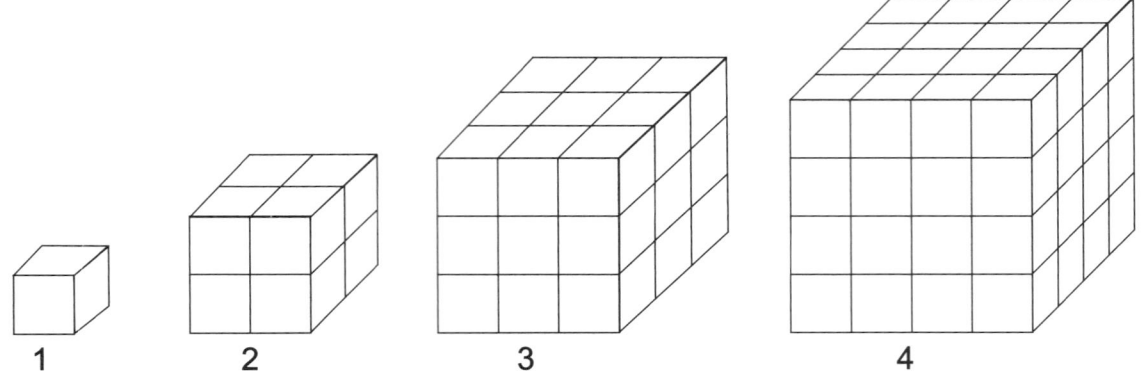

a) Escreva os 6 primeiros termos desta sequência.
b) Quantos cubos haveria no n-ésimo elemento desta sequência?

29 Considere a sequência de figuras abaixo. A primeira figura é um quadrado. Cada uma das demais figuras é formada por 3 figuras iguais à anterior.

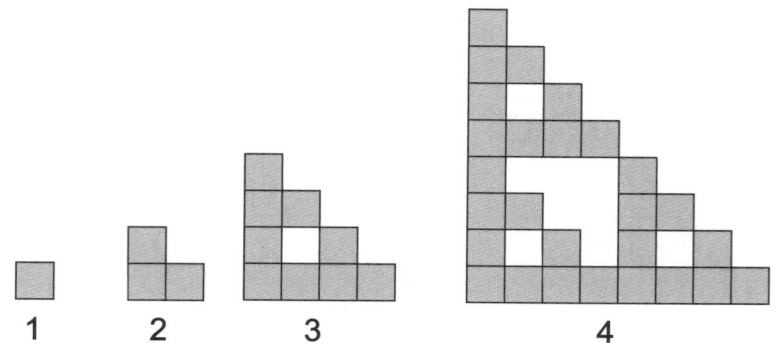

a) Considerando-se o número de quadrados em cada figura, determine os 6 primeiros termos desta sequência.

b) Determine o n-ésimo termo desta sequência.

30 Considere a sequência formada pelo número de quadrados em cada uma das figuras abaixo:

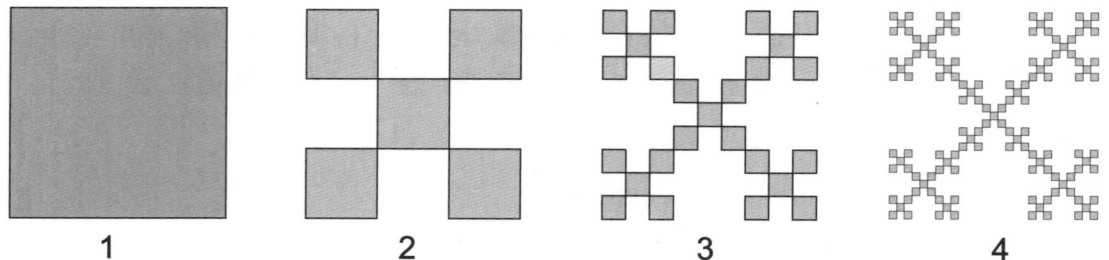

a) Determine o 4º e o 5º elementos desta sequência.
b) Determine o n-ésimo elemento desta sequência.

resp: **23** a) 11   b) 23   c) 199   d) 2n – 1   **24** a) 18   b) 27   c) 150   d) 3n
25 a) 36   b) 81   c) 2 500   d) n²   **26** a) 11   b) 121   c) 2n + 1   d) 44

11

31 Na figura abaixo, a malha é formada por quadrados de lado unitário. Considere a sequência dada pelo número de quadrados de lado unitário em cada uma das figuras.

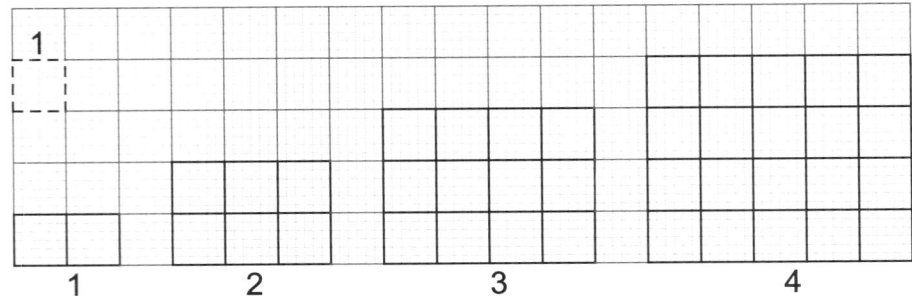

a) Escreva os 6 primeiros elementos desta sequência.
b) Qual é o 20º elemento desta sequência?
c) Qual é o n-ésimo elemento desta sequência?

32 A sequência abaixo é formada pelo número de círculos em cada uma das figuras.

a) Determine o próximo elemento desta sequência.
b) Baseado nesta figura, encontre a soma dos **n** primeiros números naturais positivos $1 + 2 + 3 + 4 + ... + n$.

33 Escreva uma sequência de números na qual o primeiro termo vale 7, e cada termo, a partir do segundo, é igual ao dobro do anterior menos 3.

34 Sendo a_1 e 1º termo de uma sequência a_2 e 2º termo, a_3 e 3º termo, e assim por diante, escreva a sequência na qual $a_n = n^2 - 3$ para todo n natural diferente de 0.

Resp: **27** a) 181   b) 3n + 1   c) 66   **28** a) 1, 8, 28, 64, 125, 216   b) n^3 **29** a) 1, 3, 9, 27, 81, 243   b) 3^{n-1}
30 a) 125, 625   b) 5^{n-1} **31** a) 2, 6, 12, 20, 30, 42   b) 420   c) n·(n + 1)   **32** a) 21   b) $\frac{n \cdot (n+1)}{2}$
33 (7, 11, 19, 35, 67, ...)   **34** (−2, 1, 6, 13, 22, 33, 46, ...)

III POTENCIAÇÃO

1 – Potência

Definição

Para $n \in N$ e $a \in R^*$, define-se:

$$\begin{cases} a^0 = 1 \\ a^{n+1} = a^n \cdot a \end{cases}$$

Para $a = 0$ e $n \in N^*$, $0^n = 0$

Consequências da definição

$a^1 = a$

$a^n = \underbrace{a \cdot a \cdot a \cdot \ldots a}_{n \text{ fatores}}$ (n > 1)

a^n = potência de base **a** e expoente **n**

Para $a \in R^*$ e $n \in N$, define-se: $a^{-n} = \dfrac{1}{a^n}$

35 Determinar as seguintes potências.

a) $5^0 =$ | $(-3)^0 =$ | $(-4)^0 =$ | $123^0 =$

b) $8^1 =$ | $(-7)^1 =$ | $-8^1 =$ | $9^1 =$

c) $6^2 =$ | $(-6)^2 =$ | $4^2 =$ | $(-4)^2 =$

d) $1^7 =$ | $-1^7 =$ | $(-1)^2 =$ | $-1^2 =$

e) $(-2)^2 =$ | $-2^2 =$ | $(-2)^3 =$ | $-2^3 =$

f) $(-5)^2 =$ | $-5^2 =$ | $(-5)^3 =$ | $-5^3 =$

g) $(-1)^{20} =$ | $(-1)^{27} =$ | $(-1)^{30} =$ | $(-1)^{43} =$

h) $\left(\dfrac{2}{3}\right)^2 =$ | $\left(-\dfrac{2}{3}\right)^3 =$ | $\left(-\dfrac{2}{3}\right)^4 =$ | $\left(-\dfrac{2}{3}\right)^5 =$

i) $5^{-1} =$ | $3^{-1} =$ | $-4^{-1} =$ | $-8^{-1} =$

j) $4^{-2} =$ | $5^{-2} =$ | $2^{-5} =$

k) $(-7)^{-2} =$ | $(-3)^{-3} =$ | $(-2)^{-5} =$

14

2 – Propriedades

Se os números em questão satisfazem as condições da definição, tem-se:

$$a^m \cdot a^n = a^{m+n}$$

$$a^m \cdot a^n \cdot a^p = a^{m+n+p}$$

$$a^m : a^n = a^{m-n}$$

$$\frac{a^m}{a^n} = a^{m-n}$$

$$(a^n)^m = a^{n \cdot m}$$

$$(a \cdot b)^n = a^n \cdot b^n$$

$$(a \cdot b \cdot c)^n = a^n \cdot b^n \cdot c^n$$

$$\left(\frac{a}{b}\right)^n = \frac{a^n}{b^n}$$

$$\left(\frac{a}{b}\right)^{-n} = \left(\frac{b}{a}\right)^n$$

Exemplos:

1) $5^7 \cdot 5^3 = 5^{7+3} = 5^{10}$, $5^{-8} \cdot 5^{15} = 5^{-8+15} = 5^7$, $a^6 \cdot a^{-2} = a^{6+(-2)} = a^{6-2} = a^4$

2) $7^{-3} \cdot 7^{-4} = 7^{-3+(-4)} = 7^{-3-4} = 7^{-7} = \frac{1}{7^7}$, $a^5 \cdot a^{-7} = a^{5+(-7)} = a^{-2} = \frac{1}{a^2}$

3) $5^7 : 5^2 = 5^{7-2} = 5^5$, $a^6 : a^{-2} = a^{6-(-2)} = a^8$, $x^{-5} : x^{-8} = x^{-5-(-8)} = x^3$

4) $(5^3)^7 = 5^{3 \cdot 7} = 5^{21}$, $(a^3 b^4)^2 = (a^3)^2 \cdot (b^4)^2 = a^6 \cdot b^8$

5) $\left(\frac{a^2}{b^3}\right)^5 = \frac{(a^2)^5}{(b^3)^5} = \frac{a^{10}}{b^{15}}$, $\left(\frac{3}{2}\right)^{-4} = \left(\frac{2}{3}\right)^4 = \frac{16}{81}$, $\left(-\frac{19}{11}\right)^{-2} = \left(-\frac{11}{19}\right)^2 = \frac{121}{361}$

6) $(a^4)^2 = a^{4 \cdot 2} = a^8$, $(a^2)^5 = a^{2 \cdot 5} = a^{10}$, $[(a^3)^2]^5 = a^{3 \cdot 2 \cdot 5} = a^{30}$

7) $a^{4^2} = a^{(4^2)} = a^{16}$, $a^{2^5} = a^{(2^5)} = a^{32}$

8) $(0,3)^2 = 0,09$, $(-0,5)^4 = 0,0625$

9) $\left(-\frac{3}{5}\right)^{-3} = \left(-\frac{5}{3}\right)^3 = \left(-\frac{5}{3}\right)\left(-\frac{5}{3}\right)\left(-\frac{5}{3}\right) = -\frac{125}{27}$, $\left(\frac{b^{-2}}{a^{-1}}\right)^{2^3} = \left(\frac{a}{b^2}\right)^{(2^3)} = \left(\frac{a}{b^2}\right)^8 = \frac{a^8}{b^{16}}$

10º) $(-3a^2b^3)(-2a^3b) = 6a^5b^4$, $(-2a^2b)(-3ab^3)(4a^2b^5) = 24a^5b^9$

11º) $(-12a^5b^3c) : (-3a^2bc) = 4a^3b^2$, $(-51a^7b^5c) : (3a^2b^{-1}) = -17a^5b^6c$

12º) $3a^2b(2a^3 - 3a^2b + ab^2) = 6a^5b - 9a^4b^2 + 3a^3b^3$

36 Simplificar, aplicando as propriedades.

a) $a^6 \cdot a^5 =$ $a^7 \cdot a^{-2} =$ $a^5 \cdot a =$

b) $a^{-2} \cdot a =$ $a^{-7} \cdot a^2 =$ $a^{-5} \cdot a^{-7} =$

c) $a^7 : a^2 =$ $a^{10} : a^3 =$ $a^5 : a^1 =$

d) $a^3 : a^{-2} =$ $a^8 : a^{-3} =$ $a^{-8} : a^{-3} =$

15

37 Simplificar:

a) $(a^5 : a^2) \cdot a^6$ | $a^7 : (a^4 \cdot a^{-6})$ | $(a^8 : a^{-1}) : a^{-4}$

b) $(a^{-4} : a^{-7}) : a^{-5}$ | $(a^{-5} \cdot a) : a^{-9}$ | $(a^{-6} : a^{-2}) : a$

c) $(a^{-7} : a) \cdot a^7$ | $(a^{-4} \cdot a) : a^{-6}$ | $(a^{-4} : a^{-5}) : a$

38 Simplificar:

a) $(a^5)^2 =$ | $(a^2)^5 =$ | $(a^{-2})^{-3} =$ | $[(a^2)^3]^4 =$

b) $[(a^{-2})^{-3}]^5 =$ | $[(a^{-3})^{-1}]^{-7} =$ | $(a^5 \cdot b^3)^2 =$ | $(a^3 \cdot b)^3 =$

c) $\left(\dfrac{a^3}{b^4}\right)^5 =$ | $\left(\dfrac{a^4}{b^3}\right)^4 =$ | $\left(\dfrac{b^{-5}}{a^{-2}}\right)^{-3} =$ | $\left(\dfrac{b^{-1}}{a^{-2}}\right)^{-1} =$

d) $\left(\dfrac{3}{2}\right)^{-3} =$ | $\left(\dfrac{5}{3}\right)^{-2} =$ | $\left(-\dfrac{7}{5}\right)^{-2} =$

e) $\left(\dfrac{a^2}{b^3}\right)^{-2} =$ | $\left(\dfrac{a^{-5}}{b^{-7}}\right)^2 =$ | $\left(\dfrac{a^{-3}}{b^{-4}}\right)^{-2} =$

f) $(a^4)^2 =$ | $a^{4^2} =$ | $a^{2^5} =$

g) $(a^2)^5 =$ | $a^{1^5} =$ | $a^{5^1} =$

h) $a^{5^2} : (a^5)^2 =$ | $a^{3^2} : a^{2^3} =$ | $a^{2^5} : a^{5^2} =$

i) $(a^{3^2} : a^{4^2}) : (a^{-2})^7 =$ | $[a^{-2^3} : (a^{-2})^3] : a^{-3^2}$

39 Simplificar:

a) $(-2a^3b^5) \cdot (-5a^2b^3)$

b) $(a^2b^3) \cdot (ab^4) \cdot (a^3b)$

c) $(24a^5b^4c^2) : (8a^2bc)$

d) $(-45x^7y^{10}) : (-9xy^2)$

e) $5x^2y^3(3x^3y - 4xy^3)$

f) $7xy(8x^2y + 9xy^2)$

40 Escrever na forma de potências, cujas bases são números primos:

a) $(2^3 \cdot 3^4)^2 \cdot (2^3)^2 \cdot (3^4)^2$

b) $(5^2)^4 \cdot (5^3 \cdot 2^4)^2 \cdot (2^{-3})^2$

c) $(2^{-1})^2 \cdot (3^{-2})^3 \cdot (2^3)^2 \cdot (3^{-2})^2$

d) $4^2 \cdot 8^3 \cdot 16^2 \cdot 32^3$

e) $24^2 \cdot 18^3 \cdot 36^{-2} \cdot 72^3$

f) $10^{-1} \cdot 100^2 \cdot 1000^{-3} \cdot 10000^4$

g) $(49^2 : 343^{-2}) : (28 : 4)^{-5}$

h) $(81^3 : 27^4) : (243^{-2} : 9^5)$

Resp: **35** a) 1, 1, 1, 1   b) 8, −7, −8, 9   c) 36, 36, 16, −16   d) 1, −1, 1, −1   e) 4, −4, −8, −8   f) 25, −25, −125, −125

g) 1, −1, 1, −1   h) $\frac{4}{9}, -\frac{8}{27}, \frac{16}{81}, -\frac{32}{243}$ i) $\frac{1}{5}, \frac{1}{3}, -\frac{1}{4}, -\frac{1}{8}$ j) $\frac{1}{16}, \frac{1}{25}, \frac{1}{32}$ k) $\frac{1}{49}, -\frac{1}{27}, -\frac{1}{32}$

36 a) a^{11}, a^5, a^6 b) a^{-1}, a^{-5}, a^{-12} c) a^5, a^7, a^4 d) a^5, a^{11}, a^{-5}

41 Determinar:

a) $0,0042 \cdot 1000 =$ | $0,0327 \cdot 100 =$

b) $0,00123 \cdot 10000 =$ | $0,00043 \cdot 100000 =$

c) $372,4 \div 100 =$ | $5200 \div 1000 =$

d) $3,2 \div 1000 =$ | $0,13 \div 10 =$

42 Escrever na forma de potência de base 10:

a) $100 =$ | $1000 =$ | $1 =$

b) $10000 =$ | $100000 =$ | $1\,000\,000 =$

43 Escrever na forma de potência de base 10:

a) $\dfrac{1}{10^2} =$ | $\dfrac{1}{10^5} =$ | $\dfrac{1}{10} =$

b) $\dfrac{1}{10^{-3}} =$ | $\dfrac{1}{10^{-1}} =$ | $\dfrac{1}{10^{-8}} =$

c) $\dfrac{1}{100} =$ | $\dfrac{1}{1000} =$ | $\dfrac{1}{10000} =$

d) $0,001 =$ | $0,01 =$ | $0,1 =$

44 Escrever na forma de potência de base 10:

a) $\dfrac{1}{0,001} =$ | $\dfrac{1}{0,01} =$

b) $\dfrac{1}{0,0001} =$ | $\dfrac{1}{0,1} =$

45 Escrever como potência de base 10:

a) $\left[10^4 (0,01)^{-3} \cdot \left(\dfrac{1}{0,01} \right)^{-8} \cdot \dfrac{0,01}{10^{-5}} \right] \div \left[\dfrac{10^{-5}}{0,0001} \cdot \left(\dfrac{0,01}{10^{-3}} \right)^{-4} \right]$

46 Multiplicar por uma potência de base 10, tornando a sentença verdadeira, nos casos:

a) $50000 = 5 \cdot$

b) $0,0007 = 7 \cdot$

c) $0,00632 = 6,32 \cdot$

d) $1250000 = 1,25 \cdot$

$1200 = 1,2 \cdot$

$0,0345 = 3,45 \cdot$

$6320000 = 6,32 \cdot$

$0,00125 = 1,25 \cdot$

47 Escrever na forma de multiplicação de um número inteiro não múltiplo de 10 por uma potência de base 10 o número dado, nos casos:

a) $500000 =$

b) $0,000021 =$

c) $305000 =$

d) $0,001052 =$

e) $0,0007 \cdot 10^8 =$

f) $130000 \cdot 10^{20} =$

$630000000 =$

$0,001035 =$

$21000000 =$

$0,0000103 =$

$0,0071 \cdot 10^{-5} =$

$120000 \cdot 10^{-8} =$

48 Escrever como multiplicação de um número, com um número não nulo de apenas um algarismo à esquerda da vírgula, por uma potência de base 10, o número dado, nos casos:

a) $234000 =$

b) $0,000000347 =$

c) $345000 \cdot 10^7 =$

d) $0,000000002 \cdot 10^{12} =$

e) $51200000 \cdot 10^{-20} =$

f) $113\,000\,000 : 10^5 =$

g) $0,00000000314 : 10^6 =$

$314000000000 =$

$0,000000000125 =$

$61234000000 \cdot 10^{-5} =$

$0,00000013 \cdot 10^{-6} =$

$0,000000122 \cdot 10^{12} =$

$278000000000 : 10^{-4} =$

$0,0000000027 : 10^{-20} =$

Resp: **37** a) a^9, a^9, a^{13} b) a^8, a^5, a^{-5} c) $a^{-1}, a^3, 1$ **38** a) $a^{10}, a^{10}, a^6, a^{24}$ b) $a^{30}, a^{-21}, a^{10} \cdot b^6, a^9 \cdot b^3$

c) $\dfrac{a^{15}}{b^{20}}, \dfrac{a^{16}}{b^{12}}, \dfrac{b^{15}}{a^6}, \dfrac{b}{a^2}$ d) $\dfrac{8}{27}, \dfrac{9}{25}, \dfrac{25}{49}$ e) $\dfrac{b^6}{a^4}, \dfrac{b^{14}}{a^{10}}, \dfrac{a^6}{b^8}$ f) a^8, a^{16}, a^{32} g) a^{10}, a, a^5 h) a^{15}, a, a^7 i) a^7, a^7

39 a) $10a^5b^8$ b) a^6b^8 c) $3a^3b^3c$ d) $5x^6y^8$ e) $15x^5y^4 - 20x^3y^6$ f) $56x^3y^2 + 63x^2y^3$

40 a) $2^{12} \cdot 3^{16}$ b) $5^{14} \cdot 2^2$ c) $2^4 \cdot 3^{-10}$ d) 2^{36} e) $2^{14} \cdot 3^{10}$ f) $2^{10} \cdot 2^{10}$ g) 7^{15} h) 3^{20}

IV DÍZIMA PERIÓDICA

Números decimais exatos são números do tipo

2,75 ; 4,21 ; 3,02 ; 5,3 ; 7,4 etc

Dízimas periódicas são números decimais do tipo

0,3333... ; 0,444... ; 0,666... ; 0,5222..., etc

Uma notação usual para as dízimas periódicas:

$0,3333\ldots = 0,\overline{3}$; $0,444\ldots = 0,\overline{4}$; $0,212121\ldots = 0,\overline{21}$

$0,5222\ldots = 0,5\overline{2}$; $1,42313131\ldots = 1,42\overline{31}$

Dízimas periódicas simples: 0,555... ; 0,666... ; 0,121212...

Dízimas periódicas compostas: 0,3555... ; 0,25313131...

Quando uma fração for irredutível (estiver simplificada) e o denominador for um divisor de uma potência de 10 (o denominador é múltiplo apenas de 2 e de 5), esta fração pode ser transformada em um número decimal exato.

Basta multiplicar o numerador e o denominador da fração por potências convenientes de bases 2 e 5, de modo que o denominador seja o menor múltiplo positivo de 10. E aí, transformamos a fração decimal em número decimal.

Exemplos: 1) $\dfrac{13}{25} = \dfrac{13 \cdot 4}{25 \cdot 4} = \dfrac{52}{100} = 0,52$

2) $\dfrac{3}{20} = \dfrac{3 \cdot 5}{20 \cdot 5} = \dfrac{15}{100} = 0,15$

3) $\dfrac{7}{5} = \dfrac{7 \cdot 2}{5 \cdot 2} = \dfrac{14}{10} = 1,4$

4) $\dfrac{31}{125} = \dfrac{31 \cdot 8}{125 \cdot 8} = \dfrac{248}{1000} = 0,248$

Quando o denominador de uma fração irredutível não for um divisor de uma potência de base 10, o resultado da divisão do numerador pelo denominador será uma dízima periódica.

Exemplos:

1) $\dfrac{2}{3} \Rightarrow$ 2 | 3 ; 20 | 3 ; 20 | 3 ; 20 | 3
   0,   2 0,6   20 0,66   20 0,666...
                      2   20
                                   ⋮

2) $\dfrac{5}{11} \Rightarrow$ 5 | 11 ; 50 | 11 ; 50 | 11 ; 50 | 11
   0,   6 0,4   60 0,45   60 0,4545...
                       5   50
                                     6
                                     ⋮

49 Transformar em número decimal as seguintes frações:

a) $\dfrac{7}{10} =$

b) $\dfrac{15}{100} =$

c) $\dfrac{123}{100} =$

d) $\dfrac{4}{5} =$

e) $\dfrac{7}{2} =$

f) $\dfrac{7}{20} =$

g) $\dfrac{13}{25} =$

h) $\dfrac{123}{125} =$

i) $\dfrac{27}{250} =$

50 Transformar a fração dada em uma dízima periódica.

a) $\dfrac{2}{3} =$

b) $\dfrac{5}{6} =$

c) $\dfrac{5}{11} =$

d) $\dfrac{1}{3} =$

e) $\dfrac{1}{6} =$

f) $\dfrac{2}{15} =$

g) $\dfrac{4}{7} =$

h) $\dfrac{3}{7} =$

Resp:
41 a) 4,2 ; 3,27   b) 12,3 ; 43   c) 3,724 ; 5,2   d) 0,0032 ; 0,013   **42** a) 10^2, 10^3, 10^0 b) 10^4, 10^5, 10^6

43 a) 10^{-2}, 10^{-5}, 10^{-1} b) 10^3, 10, 10^8 c) 10^{-2}, 10^{-3}, 10^{-4} d) 10^{-3}, 10^{-2}, 10^{-1} **44** a) 10^3, 10^2 b) 10^4, 10

45 10^2 **46** a) 10^4, 10^3 b) 10^{-4}, 10^{-2} c) 10^{-3}, 10^6 d) 10^6, 10^{-3} **47** a) $5 \cdot 10^5$, $63 \cdot 10^7$

b) $21 \cdot 10^{-6}$, $1035 \cdot 10^{-6}$ c) $305 \cdot 10^3$, $21 \cdot 10^{-6}$ d) $1052 \cdot 10^{-6}$, $103 \cdot 10^{-7}$ e) $7 \cdot 10^4$, $71 \cdot 10^{-9}$ f) $13 \cdot 10^{24}$, $12 \cdot 10^{-4}$

48 a) $2,34 \cdot 10^5$; $3,14 \cdot 10^{11}$ b) $3,47 \cdot 10^{-7}$; $1,25 \cdot 10^{-10}$ c) $3,45 \cdot 10^{12}$; $6,1234 \cdot 10^5$ d) $2 \cdot 10^3$; $1,3 \cdot 10^{-13}$

e) $5,12 \cdot 10^{-13}$; $1,22 \cdot 10^5$ f) $1,13 \cdot 10^3$; $2,78 \cdot 10^{15}$ g) $3,14 \cdot 10^{-15}$; $2,7 \cdot 10^{11}$

Na igualdade $\frac{1}{3} = 0,333...$

$\frac{1}{3}$ é a **geratriz da dízima** e $0,333...$ é a **dízima periódica**.

Vamos ver como obter a geratriz de uma dízima periódica dada.

Exemplos: Obter a geratriz da seguintes dízimas:

1) $0,333...$ seja $a = 0,333...$ Então

$\begin{cases} 10a = 3,333... \\ a = 0,333... \end{cases}$ $\Rightarrow$ $10a - a = 3,333... - 0,333...$ $\Rightarrow$ $9a = 3$ $\Rightarrow$ $a = \frac{3}{9} = \boxed{a = \frac{1}{3}}$

2) $a = 0,2323... = 0,\overline{23}$

$\begin{cases} 100a = 23,232323... \\ a = 0,232323... \end{cases}$ $\Rightarrow$ $99a = 23$ $\Rightarrow$ $\boxed{a = \frac{23}{99}}$

3) $a = 1666... = 0,1\overline{6}$

$\begin{cases} 100a = 16,666... \\ 10a = 1,666... \end{cases}$ $\Rightarrow$ $90a = 15$ $\Rightarrow$ $a = \frac{15}{90}$ $\Rightarrow$ $\boxed{a = \frac{1}{6}}$

4) $a = 0,18333... = 0,18\overline{3}$

$\begin{cases} 1000a = 183,333... \\ 100a = 18,333... \end{cases}$ $\Rightarrow$ $900a = 165$ $\Rightarrow$ $a = \frac{165}{900} = \frac{33}{180}$ $\Rightarrow$ $\boxed{a = \frac{11}{60}}$

Obs: Após saber calcular a geratriz deste modo, pode-se tirar uma regra prática que pode ser mais rápida.

51 Determinar, pelo método visto, a geratriz da dízima dada, nos casos:

a) $a = 0,444...$

b) $a = 0,777...$

c) $a = 0,1333...$

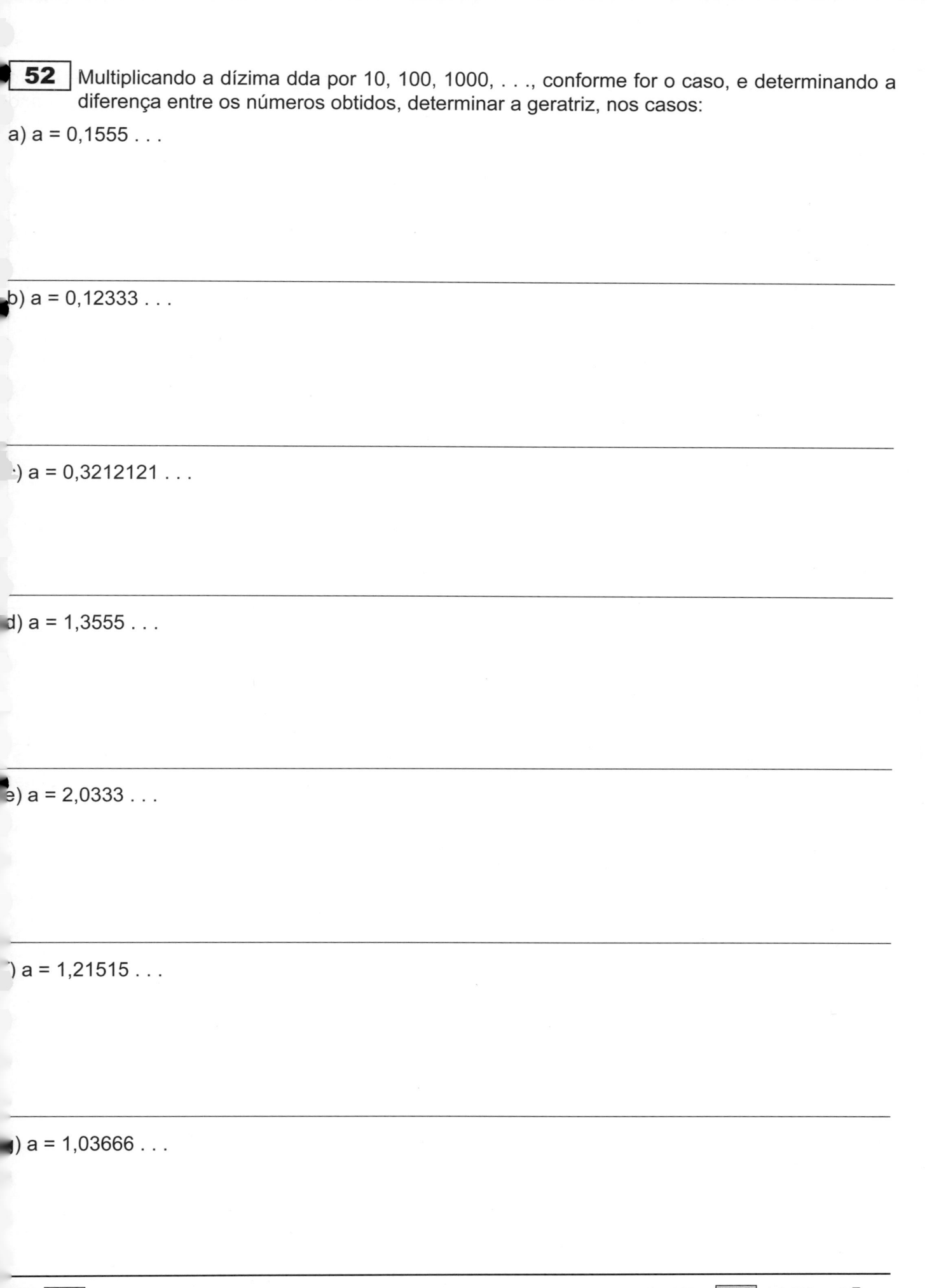

52 Multiplicando a dízima dda por 10, 100, 1000, . . ., conforme for o caso, e determinando a diferença entre os números obtidos, determinar a geratriz, nos casos:

a) a = 0,1555 . . .

b) a = 0,12333 . . .

c) a = 0,3212121 . . .

d) a = 1,3555 . . .

e) a = 2,0333 . . .

f) a = 1,21515 . . .

g) a = 1,03666 . . .

Resp: **49** a) 0,7 b) 0,15 c) 1,23 d) 0,8 e) 3,5 f) 0,35 g) 0,52 h) 0,984 i) 0,108 **50** a) 0,666... = 0,$\overline{6}$
b) 0,8333... = 0,8$\overline{3}$ c) 0,$\overline{45}$ d) 0,333... = 0,$\overline{3}$ e) 0,1666... = 0,1$\overline{6}$ f) 0,1333... = 0,1$\overline{3}$ g) 0,$\overline{571428}$ h) 0,$\overline{428571}$

23

53 Período com um algarismo, divide por 9, período com 2 algarismos, divide por 99, e assim por diante. Algarismos depois da vírgula, que não fazem parte do período, de acordo com o número de algarismos, dividir por 10, por 100, e assim por diante.

Exemplos:

1) $0,7777... = 0,\overline{7} = \dfrac{7}{9} =$

2) $0,222... = 0,\overline{2} = \dfrac{2}{9} =$

3) $0,2323... = 0,\overline{23} = \dfrac{23}{99} =$

4) $0,2555... = 0,2\overline{5} = \dfrac{25-2}{90} = \dfrac{23}{90}$

5) $0,1\overline{27}... = \dfrac{127-1}{990} = \dfrac{126}{990} = \dfrac{14}{110} = \dfrac{7}{55}$

6) $0,99... = 0,\overline{9} = \dfrac{9}{9} = 1$

a) $0,444... = 0,\overline{4} =$

b) $0,333... = 0,\overline{3} =$

c) $0,666... = 0,\overline{6} =$

d) $0,3636... = 0,\overline{36} =$

e) $0,6363... = 0,\overline{63} =$

f) $0,126126... = 0,\overline{126} =$

g) $0,\overline{261}... =$

h) $0,\overline{612} =$

i) $0,277... =$

j) $0,2\overline{63} =$

k) $0,26333... =$

54 Determinar a geratriz da dízima periódica dada, nos casos:

Todos os casos com a mesma regra: " Período com um algarismo dividimos por 9, período com dois algarismo, dividimos por 99 e assim por diante." Transformamos, para isto, a dízima composta em dízima simples:

Exemplos:

1) $2,777... = 2,\overline{7} = 2 + 0,\overline{7} = 2 + \dfrac{7}{9} = \dfrac{18+7}{9} = \dfrac{25}{9}$

2) $0,2777... = 0,2\overline{7} = \dfrac{1}{10}[2,\overline{7}] = \dfrac{1}{10}\left[2+\dfrac{7}{9}\right] = \dfrac{1}{10}\left[\dfrac{25}{9}\right] = \dfrac{25}{90} = \dfrac{5}{18}$

3) $0,1\overline{27}... = \dfrac{1}{10}[1,\overline{27}] = \dfrac{1}{10}[1+0,\overline{27}] = \dfrac{1}{10}\left[1+\dfrac{27}{99}\right] = \dfrac{1}{10}\left[1+\dfrac{3}{11}\right] = \dfrac{1}{10}\left[\dfrac{14}{11}\right] = \dfrac{7}{55}$

a) $3,666... =$

b) $0,2\overline{36} =$

c) $2,5\overline{72} =$

55 Simplificar as seguintes expressões:

a) $0,555\ldots - \dfrac{4}{5} - \dfrac{1}{4} + 0,7 =$

b) $0,\overline{45} - 0,45 - 0,\overline{72} + 0,75 =$

c) $(0,\overline{3} + 0,3)(0,\overline{6} - 0,6) + 0,\overline{7} =$

d) $(7,\overline{8} - 7,8) : (1,4 - 0,\overline{4}) =$

e) $\dfrac{\dfrac{1}{2} - 3\left(\dfrac{1}{4} - 0,\overline{3}\right) + 0,125}{0,1\overline{6} - \left(0,25 - \dfrac{3}{4}\right) + 1} =$

f) $\dfrac{\dfrac{3}{5} - 3(0,6 - 0,\overline{6}) - 1}{2 - \dfrac{2}{5}(0,4\overline{9} - 4) - 0,\overline{9}} =$

Resp: **51** a) $\dfrac{4}{9}$ b) $\dfrac{7}{9}$ c) $\dfrac{2}{15}$ **52** a) $\dfrac{7}{45}$ b) $\dfrac{37}{300}$ c) $\dfrac{53}{165}$ d) $\dfrac{61}{45}$ e) $\dfrac{61}{30}$ f) $\dfrac{401}{330}$ g) $\dfrac{311}{300}$

53 a) $\dfrac{4}{9}$ b) $\dfrac{1}{3}$ c) $\dfrac{2}{3}$ d) $\dfrac{4}{11}$ e) $\dfrac{7}{11}$ f) $\dfrac{14}{111}$ g) $\dfrac{29}{111}$ h) $\dfrac{68}{111}$ i) $\dfrac{5}{18}$ j) $\dfrac{29}{110}$ k) $\dfrac{79}{300}$

54 a) $\dfrac{11}{3}$ b) $\dfrac{13}{55}$ c) $\dfrac{283}{110}$ **55** a) $\dfrac{37}{180}$ b) $\dfrac{3}{110}$ c) $\dfrac{41}{50}$ d) $\dfrac{4}{43}$ e) $\dfrac{21}{40}$ f) $\dfrac{1}{3}$

25

V ALGUNS CONJUNTOS NUMÉRICOS

1 – Alguns subconjuntos do conjunto dos números reais (**R**).

Conjuntos dos números naturais (N)

N = {0, 1, 2, 3, 4, 5, 6, 7, 8, 9, 10, 11, ...}

Conjuntos dos naturais positivos

N* = {1, 2, 3, 4, ...} = N – {0}

(Alguns autores consideram este conjunto N* como conjunto dos naturais)

Conjunto dos números inteiros (Z)

Z = {..., – 11, – 10, – 9, ..., – 3, – 2, – 1, 0, 1, 2, 3, ..., 10, 11, ...}

Note que são inteiros

$\frac{6}{2}=3$, $-\frac{8}{4}=-2$, $\sqrt{25}=5$, $-\sqrt{36}=-6$, $\sqrt[3]{8}=2$, $\sqrt[3]{-8}=-2$

Conjunto dos números primos

{± 2, ± 3, ± 5, ± 7, ± 11, ± 13, ± 17, ± 19, ± 23, ...}

Conjunto dos primos naturais

{2, 3, 5, 7, 11, 13, ...}

Conjunto dos números racionais (Q)

$Q = \left\{x \mid x = \frac{a}{b}, a \in Z, b \in Z^*\right\}$

Exemplos de números racionais:

Os inteiros são racionais: $7 = \frac{7}{1}$, $-3 = -\frac{3}{1}$. Então: Z⊂Q

Os decimais exatos são racionais: $0,6 = \frac{6}{10} = \frac{3}{5}$; $1,5 = \frac{15}{10} = \frac{3}{2}$

Os decimais periódicos são racionais: $0,666... = 0,\overline{6} = \frac{6}{9} = \frac{2}{3}$

Conjunto dos números irracionais (R – Q)

R – Q = {x|x ∈ R ∧ x ∉ Q}

Exemplos de números irracionais:

1) $\sqrt{2}$, $\sqrt{3}$, $\sqrt{5}$, $\sqrt{6}$, $\sqrt{7}$, $\sqrt{8} = 2\sqrt{2}$, $\sqrt{10}$, $\sqrt{11}$, ...

2) $\sqrt[3]{2}$, $\sqrt[3]{-2}$, $\sqrt[3]{3}$, $\sqrt[3]{-3}$, ...

3) $\sqrt[4]{2}$, $\sqrt[4]{3}$, $\sqrt[4]{4} = \sqrt{2}$, $\sqrt[4]{5}$, ...

4) $\pi = 3,14159...$ (Não é periódico)

5) e = 2,718 ... (Número de Euler) (Não é periódico)

56 Assinale **V** ou **F** ao lado de cada uma das sentenças abaixo:

a) $9 \in \mathbb{Q}$ ( )   d) $0,5 \in \mathbb{Z}$ ( )   g) $\dfrac{5}{3} \in \mathbb{N}$ ( )

b) $-\dfrac{8}{4} \in \mathbb{Z}$ ( )   e) $0,8333... \notin \mathbb{Q}$ ( )   h) $\mathbb{N} \subset \mathbb{Q}$ ( )

c) $0 \in \mathbb{Q}$ ( )   f) $0,999... \in \mathbb{Q}$ ( )   i) $\mathbb{Z} \subset \mathbb{Q}$ ( )

57 Apresente cada um dos conjuntos abaixo através da listagem de seus elementos:

$A = \{x \in \mathbb{Z} \mid -3 < x < 5\}$

$B = \{x \in \mathbb{Z} \mid -3 \leqslant x \leqslant 5\}$

$C = \{x \in \mathbb{Z} \mid -4 < x \leqslant 5\}$

$D = \{x \in \mathbb{Z} \mid -1 \leqslant x < 5\}$

$E = \{x \in \mathbb{N} \mid x^2 = 9\}$ $F = \{x \in \mathbb{Z} \mid x^2 = 25\}$

$G = \{x \in \mathbb{Z} \mid 3x = 7\}$ $H = \{x \in \mathbb{Q} \mid 3x = 7\}$

$I = \{x \in \mathbb{N} \mid x + 7 = 5\}$

58 Complete com os símbolos $\subset$, $\in$, $\notin$ de modo a tornar verdadeira cada uma das sentenças a seguir:

a) $7,333...$ _____ $\mathbb{Q}$ d) $\dfrac{7}{5}$ _____ $\mathbb{N}$ g) $-\dfrac{10}{5}$ _____ $\mathbb{Q}$

b) $\mathbb{N}$ _____ $\mathbb{Q}$ e) $\mathbb{N}$ _____ $\mathbb{Z}$ h) -5 _____ $\mathbb{Q}$

c) $0,7$ _____ $\mathbb{Z}$ f) $\overline{2,48}$ _____ $\mathbb{Q}$

59 Dados os números: -4; $-2,3$; $-\dfrac{1}{4}$; 0; 1; $0,666...$, quais deles:

a) pertencem ao conjunto $\mathbb{N}$?

b) pertencem ao conjunto $\mathbb{Z}$?

c) pertencem ao conjunto $\mathbb{Z}$ mas não pertencem ao conjunto $\mathbb{N}$?

d) pertencem ao conjunto $\mathbb{Q}$?

e) pertencem ao conjunto $\mathbb{Q}$ mas não pertencem a $\mathbb{Z}$?

60 Classifique em verdadeira (V) ou falsa (F) cada uma das sentenças a seguir:

a) todo número inteiro positivo é racional. ( )

b) o número zero é inteiro, natural e racional. ( )

c) todo número racional é inteiro. ( )

d) todo número decimal exato é racional. ( )

e) toda dízima periódica é número racional. ( )

61 Indique qual dos conjuntos abaixo é constituído somente de números racionais.

a) $\{-1, 2, \sqrt{2}, \pi\}$

b) $\left\{-5, 0, \dfrac{1}{2}, \sqrt{9}\right\}$

c) $\left\{-2, 0, \pi, \dfrac{2}{3}\right\}$

d) $\{\sqrt{3}, \sqrt{64}, \pi, \sqrt{2}\}$

e) $\left\{-1, 0, \sqrt{3}, \dfrac{1}{3}\right\}$

62 O resultado de: $\sqrt{2,777\ldots}$ é:

a) um número irracional

b) um número racional não inteiro

c) um número inteiro

63 Assinale **V** ou **F**, ao lado de cada uma das sentenças abaixo:

a) $\sqrt{25} \in \mathbb{Q}$ ( )

b) $\dfrac{5}{3} \in \mathbb{R}$ ( )

c) $\mathbb{Q} \subset \mathbb{R}$ ( )

d) $\sqrt{5} \notin \mathbb{R}$ ( )

i) $\sqrt{2} \in \mathbb{R} - \mathbb{Q}$ ( )

e) $0,999\ldots \in \mathbb{Z}$ ( )

f) $\pi \in \mathbb{R}$ ( )

g) $\sqrt[3]{7} \in \mathbb{Q}$ ( )

h) $\sqrt[3]{7} \in \mathbb{R}$ ( )

64 Um conjunto possui 10 números reais, 7 racionais e 5 inteiros.

a) Quantos números irracionais há nesse conjunto?

b) Quantos números racionais não inteiros há nesse conjunto?

65 Classifique cada um dos números abaixo em racional ou irracional:

a) 0

b) -2

c) π

d) $0,4777\ldots$

e) $-\dfrac{3}{7}$

f) $\sqrt{16}$

g) $\sqrt{5}$

h) $0,39$

i) $0,12112111211112\ldots$

66 Coloque, em ordem crescente, os números reais $-\sqrt{5}, 1, -\frac{3}{5}$ e $\frac{3}{8}$.

67 Apresente cada um dos conjuntos abaixo através da listagem de seus elementos:

a) $\{x \in \mathbb{R} \mid x^2 = 2\}$

b) $\{x \in \mathbb{Q} \mid x^2 = 2\}$

c) $\{x \in \mathbb{R} \mid x^2 \leq 0\}$

d) $\{x \in \mathbb{R} \mid x^2 < 0\}$

e) $\{x \in \mathbb{R} \mid x^2 = -9\}$

f) $\left\{x \in \mathbb{N} \mid x^2 = \dfrac{10}{n}, n \in \mathbb{N}^*\right\}$

Resp: **56** a) V b) V c) V d) F e) F f) V g) F h) V i) V   **57** A = {−2, −1, 0, 1, 2, 3, 4}
B = {−3, −2, −1, 0, 1, 2, 3, 4, 5}   C = {−3, −2, −1, 0, 1, 2, 3, 4, 5,}   D = {−1, 0, 1, 2, 3, 4}   E = {3}
F = {−5, 5}   G = { }   H = $\left\{\dfrac{7}{3}\right\}$ I = { }   **58** a) ∈ b) ⊂ c) ∉ d) ∉ e) ⊂ f) ∈ g) ∈ h) ∈

59 a) 0; 1   b) −4; 0; 1   c) −4   d) −4; −2,3; $-\dfrac{1}{4}$; 0; 1; 0,666...   e) −2,3; $-\dfrac{1}{4}$; 0,666...

60 a) V b) V c) F d) V e) V   **61** b   **62** b   **63** a) V b) V c) V d) F e) V f) V
g) F h) V i) V   **64** a) 3 irracionais   b) 2 racionais não inteiros   **65** a) racional   b) racional   c) irracional
d) racional   e) racional   f) racional   g) irracional   h) racional   i) irracional   **66** $-\sqrt{5}, -\dfrac{3}{5}, \dfrac{3}{8}, 1$

67 a) $\{-\sqrt{2}, \sqrt{2}\}$ b) ∅   c) {0}   d) ∅   e) ∅   f) {1, 2, 5, 10}

VI CÁLCULO ALGÉBRICO

Introdução

Na expressão aritmética 7 + 7 + 7 + 7, quando substituimos 7 por x, obtemos x + x + x + x, que é chamada expressão algébrica.

Assim, como 7 + 7 + 7 + 7 = 4 vezes o 7 = 4 · 7 (· = vezes), também escrevemos:

x + x + x + x = 4 · x = 4x

Na expressão 4x, o x é chamado **variável**.

Entre o 4 e o x não é necessário colocar o ponto para indicar a multiplicação. Então:

4 vezes x = 4 · x = 4x

Olhe como obtemos outras expressões algébricas, subtituindo números por letras

1) 5 + 5 + 5 + 5 + 5 + 5 = 6 · 5

Fazendo 5 = y, obtemos   y + y + y + y + y + y = 6 · y = 6y

2) 5 + 3 + 5 + 3 + 5 + 3 + 5 + 3 + 3 + 3 + 3 = 4 · 5 + 7 · 3

Fazendo 5 = x e 3 = y , obtemos:

x + y + x + y + x + y + x + y + y + y + y = 4 · x + 7 · y = 4x + 7y

Esta expressão tem duas variáveis. São elas x e y.

3) 2 · 2 · 2 · 2 · 2 = 2^5

Fazendo 2 = x, obtemos x · x · x · x · x = x^5.

4) 2 · 7^3 + 5 · 3^2

Fazendo 7 = x e 3 = y, obtemos $2x^3 + 5y^2$.

5) 7 · 8^2 − 5 · 8 − 7

Fazendo 8 = x, obtemos $7x^2 - 5x - 7$.

6) 5 · 3^2 · 7

Fazendo 3 = a e 7 = b, obtemos $5a^2b$

Outros exemplos de expressões algébricas:

5xy, $-7x^3$, $-\frac{2}{3}y^5$, $\frac{1}{4}x^3 + \frac{2}{3}x^2 + \frac{3}{2}x - 2$,

−2axy, $\frac{x}{x^2-1} - \frac{4}{x+1}$, $3x^{-2} - 4x^{-1}$,

$2\sqrt{x-1}$, $4x - \sqrt{2x-3}$, $2x^2y - 3xy^2 - 4y^3$

Obs.: Dada uma expressão algébrica, podemos substituir as variáveis por valores dados, obtendo uma expressão aritmética.

Exemplo: A expressão $3x^2 - 2x$ para x = 5 ficará $3(5)^2 - 2(5)$

Classificação das expressões algébricas

As expressões algébricas podem ser **racionais inteiras**, que também são chamadas polinômios, **racionais fracionárias** ou **irracionais**.

São **racionais inteiras (ou polinômios)**, quando não têm variável em radicais, nem variável em denominador (nem com expoente negativo).

Exemplos: $2x^2$, $3x^2y + 5y^3$, $5ax^2 - 7bx - c$, 7

Obs.: Um número real é também chamado polinômio constante

São **racionais fracionárias** quando não tem variável em radical e tem variável em denominador (ou com expoente negativo).

Exemplos: $\dfrac{2}{3x}$, $\dfrac{1}{x+y}$, $4x^{-2} - 3x^{-1} + 3$

São **irracionais** quando têm variável em radical

Exemplos: $3\sqrt{x} - 2$, $5\sqrt{x^2 - 1} - 3\sqrt{x}$, $\dfrac{1}{\sqrt{x} - \sqrt{y}}$

Obs.: O estudo dos polinômios será visto de forma mais completa no **Ensino Médio** número real.

Monômio

É a expressão algébrica racional inteira (polinômio) que é apenas um número no ou uma multiplicação de número por variáveis

Exemplos: 3, $2x$, $-7axy$, $-\dfrac{2}{3}x^2$, $-8x^2$, x

Em um monômio podemos destacar o **coeficiente** e a **parte literal**:

-7 x^3y — coeficiente / parte literal

$-\dfrac{3}{5}$ abc — coeficiente / parte literal

$x = 1 \cdot x$ — coeficiente / parte literal

Em alguns casos, quando elegemos uma (ou mais) letra para ser a variável, outras letras passam a fazer parte do coeficiente.

Exemplos:

$2ax^3$ na variável x ⇒ $2a$ é o coeficiente

$-\dfrac{2}{3}abxy^2$ nas variável x e y ⇒ $-\dfrac{2}{3}ab$ é o coeficiente.

Monômios semelhantes

São monômios que têm a mesma parte literal

Exemplos: 1) $2x$, $4x$ e $5x$ 2) $-3x^3y^2z$, $7x^3y^2z$ e x^3y^2z
3) $4x^2y$ e $-6yx^2$ 4) $4amx$, $2xma$ e max

Note que $7x^2y$ e $8xy^2$ não são semelhantes.

Adição de monômios semelhantes

Aplicando a propriedade distributiva obtemos, para a adição de monômios semelhantes, um monômio que é a soma dos monômios dados. Isto é equivalente a somar algebricamente os coeficientes e conservar a parte literal

Exemplos:

1) $7x^2y + 9x^2y = (7+9)x^2y = 16x^2y$ Mantém a parte Literal

2) $-8xy - 7xy - 3xy = -18xy$

3) $9x^2 - 15x^2 = -6x^2,$ $-4ax + 4ax = 0ax = 0$

Binômios, trinômios e polinômios

A adição de monômios não semelhantes é chamada binômio, trinômios ou polinômio, de acordo com o número de monômios (ou termos) não semelhantes.

Binômios: $2x + 3y$; $-3a + 2b$; $3x^2y - 4xy^2$; $x + 7$

Trinômios: $2x + 3y - z$; $2x^2 - 3x - 8$

Polinômio: 3; $2x$; $2x + y$; $3x^2 - 4xy - y^2$; $x^4 - x^3 - 2x^2 + 3x + 1$

Note que chamamos de **polinômio** a **expressão algébrica racional inteira** com qualquer número de termos.

Polinômio a uma variável

É o polinômio no qual as partes variáveis dos termos têm uma única e mesma variável (letra).

Exemplos: 1) $2x^2 - 3x + 7$ 2) $3y^4 - 3y^3 - 5y$

3) $7x^5 - 2x^4 - 3x^3 - 5x^2 - 4x + 7$

É usual indicarmos um polinômio na variável x por P(x), na variável y por P(y), etc.

Exemplos: 1) $P(x) = 7x^2 - 3x + 1$ 2) $P(y) = 2y^2 - 7y - \frac{1}{2}$

Grau de um monômio

É a soma dos expoentes das variáveis

Exemplos:

1) $7x^2y^3$ $(2+3=5) \Rightarrow 7x^2y^3$ é do 5º grau

2) $7^5x^4y^2z$ $(4+2+1=7) \Rightarrow 7^5 x^4y^2z$ é do 7º grau

3) $2^3 \cdot 3^{-1}x$ 5^3y $2a$ $3b$ $5x,$ $-\frac{7}{4}y$ são do 1º grau

Obs.: 1) Dizemos que um número real constante, diferente de **zero**, é um polinômio de grau **zero**.

$7;$ $-\frac{1}{3};$ $\frac{2}{5}$ são polinômios de grau **zero**

2) O **zero** é chamado polinômio nulo. Não se define o grau de um polinômio nulo.

Grau de um monômio em relação a uma variável

É o expoente da variável elegida

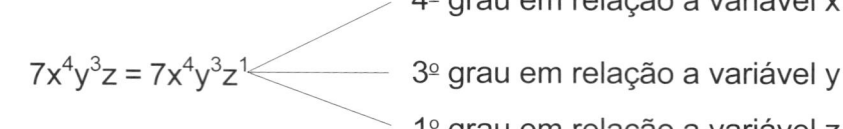

$7x^4y^3z = 7x^4y^3z^1$
- 4º grau em relação a variável x
- 3º grau em relação a variável y
- 1º grau em relação a variável z

E este monômio é do 8º grau (4 + 3 + 1 = 8)

Grau de um polinômio

O grau de um polinômio que não tem termos semelhantes é o grau do seu monômio de maior grau

Exemplos:

1) $\underbrace{3x^4y^3}_{7º\ grau} - \underbrace{5x^3y^2}_{5º\ grau} - \underbrace{5x^2y}_{3º\ grau} + \underbrace{6x}_{1º\ grau} + \underbrace{7}_{grau\ zero}$

Monômio de maior grau: 7º grau ⇒ Polinômio é do 7º grau

2) $P(x) = 2x^4 - 3x + 0,8$ é do 4º grau

---

68 Substituindo os números entre parênteses pela variável indicada, obtenha a expressão algébrica correspondente, nos casos:

a) $2(7)^2 - 5(7) + 2$, $7 = x$

b) $3(5) - 2(6)$, $5 = x$, $6 = y$

c) $2(5)^2(3) - 4(5)(3)^2 - 7$, $5 = a$, $3 = b$

---

69 Dada uma expressão algébrica, obter, para os valores dados das variáveis a expressão aritmética correspondente, nos casos:

a) $2x - 3y$, $x = 5$ e $y = -7$

b) $3a - 7ab$, $a = -5$ e $b = 1$

c) $2x^2 - 3x - 5$, $x = -7$

d) $18x^2 - 12x - 7$, $x = \dfrac{2}{3}$

e) $\sqrt{2x - y}$, $x = 7$, $y = 5$

f) $\sqrt[3]{3x + 6a}$, $x = -1$, $a = 5$

70 Dizer se a expressão algébrica dada é racional inteira (RI) racional fracionária (RF) ou irracional (I), nos casos:

a) $2xy - x^2 - y^2$ ( )   b) $\dfrac{3x}{x-y} - \dfrac{1}{x} + \dfrac{2}{y}$ ( )

c) $\sqrt{7x-1} + x^2 - y^2$ ( )   d) $2x^{-2} - 3x^{-1} - 7$ ( )

e) $3^{-2}x^2 - 5^{-3}y - xy$ ( )   f) $3x^2 - 7x - 1$ ( )

g) $\sqrt{3}\,x - \dfrac{7}{y} - \dfrac{x}{y-1}$ ( )   h) $7x^{-3} - 4\sqrt{x-1} + \dfrac{1}{\sqrt{x}}$ ( )

71 Dizer qual é o coefiente (C) e qual é a parte literal (PL) dos seguintes monômios:

a) $-8x^2y$ b) $\dfrac{2}{3}abc$ c) $-5x^2yz$

72 Dizer se são semelhantes (S) ou não semelhantes (NS) os monômios dados, nos casos:

a) $7x^2y$ e $-6x^2y$ ( )   b) $-3x^2y$ e $8yx^2$ ( )

c) $3x^2y$ e $7xy^2$ ( )   d) $-\dfrac{2}{3}ab$ e $\dfrac{1}{7}ba$ ( )

e) $3x^2y$ e $-7x^2yz^0$ ( )   f) 4^2xy^3 e 4^3xy^3 ( )

73 Simplicar as seguintes expressões:

a) $2 + 7 + 8 + 3 =$ $-2 - 5 - 6 - 12 =$ $-3 + 7 =$

b) $-7 + 3 =$ $5 - 11 =$ $12 - 9 =$

c) $0{,}3 + 0{,}7 =$ $-1{,}6 - 1{,}4 =$ $3 - 1{,}8 =$

d) $7 - 8{,}9 =$ $-3 + 1{,}3 =$ $-7{,}8 + 9{,}3 =$

e) $\dfrac{2}{3} + \dfrac{5}{3} =$ $\dfrac{2}{7} - \dfrac{9}{7} =$ $\dfrac{2}{3} + \dfrac{3}{2} =$

f) $\dfrac{1}{3} - \dfrac{3}{4} + \dfrac{5}{6} =$ $\dfrac{3}{4} - \dfrac{5}{6} - \dfrac{3}{8} =$

g) $\dfrac{5}{6} - \dfrac{7}{15} - \dfrac{3}{10} =$ $\dfrac{1}{9} - \dfrac{5}{6} - \dfrac{2}{3} =$

74 Determinar a soma dos monômios semelhantes dados, nos casos:

a) $2xy + 7xy =$	$-3ax - 7ax - 9ax =$
b) $7y + 9y + 20y =$	$-4x - 6x - 9x =$
c) $-9ay + 3ay =$	$-3ax + 9ax =$
d) $-3x^2 + 7x^2 =$	$-4y^2 + 9y^2 =$
e) $-2x + 7x - 5x + 2x =$	$-9x + 4x - 5x - 6x =$
f) $7,2xy + 1,2xy =$	$-3,7x - 4,4x =$
g) $5,7ax^2 - 7,9ax^2 =$	$-1,7ay^2 + 7,2y^2a =$
h) $8x^2y^2 - 7x^2y^2 =$	$9x^2y^3 - y^3x^2 =$
i) $7ax - ax - 6xa =$	$4an - 5na - an =$
j) $-3a - 4a - a + 9a =$	$-5a + 6a - 9a + 7a =$

k) $\dfrac{1}{2}x^2y - \dfrac{3}{4}x^2y + \dfrac{1}{6}x^2y =$

l) $-\dfrac{3}{4}ax - \dfrac{3}{8}ax + ax + \dfrac{5}{6}ax =$

75 Determinar o grau dos seguintes monômios:

a) $4x^3y^5$

b) $-7xyz$

c) -5^2xy^3

d) $-7^3 \cdot 2^2 x^3y^2z$

e) $-9x$

f) $-3y^2$

76 Determinar o grau do monômio em relação a variável indicada, nos casos:

a) $-17ax^3y^5$
- Em relação a variável a
- Em relação a variável x
- Em relação a variável y

b) $-4x^2yz^3$
- Em relação a variável x
- Em relação a variável y
- Em relação a variável z

77 Em cada caso é dado um polinômio na forma reduzida (sem termos semelhantes), determinar o seu grau.

a) $3x^3y^2 - 5x^2y^3 - 6x^2y^2 - 4x^3y^3$

b) $3x^4y^2 - 3x^3y - 2x^2yz^4$

c) $5x^5 - 4x^4 - 8x^3 - 3x^2 + 4x - 7$

d) $2x + 3y$	e) $2x^2 - 3x + 4$
f) $7x$	g) 7

78 Reduzindo os termos semelhantes, escrever o polinômio dado na forma reduzida, nos casos:

a) $2x + 5x + x - 3y - 5y - y - 4y$	b) $-3x + 7x - x + 3a - 2a - 5a$
c) $2a - 3a + 8a - a + n + 3n - 13n$	d) $-6x - 2x + 17x - 3y + 4y + y - 5y$
e) $-2x + 3y - 4x + 2y - 5x + 8y$	f) $7a - 3n + 4a + 7n - 2a + a - 4n$
g) $2a - 3x - 4a - 5x + 8a + 7x - a + x$	h) $3x - 2y - 5x + 4y - x + y - 5y + 3x + 2y$
i) $2x - 3y + a - 5x - 2y + a + 7x + y - 8a$	j) $3x - y - z + 2x - 3y + 5z - x - y - z$
k) $-2x^2 - 3x - 4 + 3x^2 - 6x + 7$	l) $3x^3 - 2x^2 - 5x + 7 - x^3 - x^2 - 9$

m) $-3x^2 - 4x - 1 + 7x^2 - 5x - 3 + 7 - 4x + 5x^2 - 9 - 6x^2 + 2x + x - 7$

n) $-3x^2 - 2xy + y^2 - 5xy - 3y^2 - 5x^2 + 8xy + 7x^2 - 5y^2 - 4xy + 2x^2 + 8y^2$

Resp: **68** a) $2x^2 - 5x + 2$ b) $3x - 2y$ c) $2a^2b - 4ab^2 - 7$ **69** a) $2(5) - 3(-7)$ b) $3(-5) - 7(-5)(1)$ c) $2(-7)^2 - 3(-7) - 5$
d) $18\left(\dfrac{2}{3}\right)^2 - 12\left(\dfrac{2}{3}\right) - 7$ e) $\sqrt{2(7) - 5}$ f) $\sqrt[3]{3(-1) + 6(5)}$ **70** a) RI b) RF c) I d) RF e) RI f) RI
g) RF h) I **71** a) C = -8; PL = x^2y b) C = $\dfrac{2}{3}$; PL = abc C = -5, PL = x^2yz **72** a) S b) S
c) NS d) S e) S f) S **73** a) 20; -25; 4 b) -4; -6; 3 c) 1; -3; 1,2; d) $-1,9$; $-1,7$; 1,5 e) $\dfrac{7}{3}$; -1; $\dfrac{13}{6}$
f) $\dfrac{5}{12}$; $-\dfrac{11}{24}$ g) $\dfrac{1}{15}$; $\dfrac{-25}{18}$

Eliminação de parênteses

Com sinal **+** antes do parêntese, eliminamos os parênteses e copiamos a expressão entre parênteses +(2x + 3y) = 2x + 3y;   (5x² − 3x − 1) = 5x² − 2x − 1

Com sinal **−** antes do parêntese, eliminamos os parênteses e trocamos os sinais dos termos da expressão entre parênteses

− (3x − 5y) = − 3x + 5y;   − (− 7x² − 2x + 5) = 7x + 2x − 5

79 Eliminar os parênteses nos casos:

a) + (2x − 3y) =

b) − (2x − 3xy) =

c) − (− 2x − 5y + 1) =

d) (− 3x − 2y − 7) =

e) + (− 2x² − 3x + 7) =

f) − (− 3x² − 3x + 5) =

80 Eliminar os parênteses e reduzir os termos semelhantes, nos casos:

a) − (2x + y) − (− 5x + y)

b) + (− a + 3n) + (a − 8n) − (− a)

c) − (− 3x − 2y − 3) + (− 7x − 5y + 3)

d) (− 3x² − 4x + 8) − (− 7 + 8x − 8x²)

e) − (x² − 2xy − y²) − (− 3x² + 2xy − y²)

f) − (− 3x² − 4x − 5) + (− x² − 5x − 5)

g) $-\left(-\dfrac{3}{2}x^3 - \dfrac{1}{4}x^2y + \dfrac{5}{6}xy^2 - y^3\right) - \left(+\dfrac{2}{3}x^3 - \dfrac{5}{6}x^2y - \dfrac{8}{9}xy^2 + \dfrac{3}{4}y^3\right)$

Valor numérico

Exemplos que serão úteis no cálculo do valor numérico de expressões algébricas

1) $7(-8) = -56$; $\quad -7(-9) = 63$; $\quad -9(8) = -72$; $\quad (-0,2)(0,3) = -0,06$

2) $-2(-3)(-6) = -36$; $\quad 5(-2)(-3) = 30$; $\quad 4(-3)(-1) = 12$; $\quad -4(5)(-2) = 40$,
   $-4(-2)(-1) = -8$

3) $4\left(-\dfrac{3}{8}\right) = -\dfrac{3}{2}$; $\quad -25\left(-\dfrac{7}{25}\right) = 7$; $\quad -25\left(-\dfrac{7}{5}\right) = 35$; $\quad 3\left(-\dfrac{1}{6}\right) = -\dfrac{1}{2}$; $\quad -9\left(-\dfrac{5}{18}\right) = \dfrac{5}{2}$

4) $5^0 = (-9)^0 = (-0,34)^0 = \left(-\dfrac{2}{3}\right)^0 = 1$, $\quad 5^1 = 5$; $\quad (-2)^1 = -2$, $\quad \left(-\dfrac{2}{3}\right)^1 = -\dfrac{2}{3}$

5) $5^2 = 25$; $\quad -5^2 = -25$; $\quad (-5)^2 = 25$; $\quad \left(\dfrac{2}{3}\right)^2 = \dfrac{4}{9}$, $\quad -\left(\dfrac{2}{3}\right)^2 = -\dfrac{4}{9}$; $\quad \left(-\dfrac{2}{3}\right)^2 = \dfrac{4}{9}$

6) $(0,2)^3 = 0,008$; $\quad (-0,2)^3 = -0,008$; $\quad -(0,2)^3 = -0,008$; $\quad (0,3)^2 = 0,09$; $\quad (-0,3)^2 = 0,09$

7) $\sqrt{49} = 7$; $\quad -\sqrt{64} = -8$; $\quad \sqrt[3]{8} = 2$; $\quad \sqrt[3]{-8} = -2$; $\quad \sqrt[3]{27} = 3$, $\quad \sqrt[3]{-27} = -3$

---

81 Simplificar as seguintes expressões:

a) $-7 + 5 =$	$-7 + 13 =$	$-5 - 2 =$	$9 - 17 =$
b) $-1 - 3 - 7 =$	$5 + 8 + 9 =$	$-5 - 7 - 8 =$	$-9 - 11 - 13 =$
c) $7 \cdot (5) =$	$7(8) =$	$-7(-8) =$	$-9(-7) =$
d) $-16 : (-8) =$	$-36 : (9) =$	$72 : (-8) =$	$-56 : (-7) =$
e) $\dfrac{-42}{-6} =$	$\dfrac{-63}{7} =$	$\dfrac{54}{-9} =$	$\dfrac{-56}{-8} =$
f) $108 : (-36) =$	$-108 : 18 =$	$-144 : 36 =$	$-144 : (-24) =$
g) $52 : (-13) =$	$-56 : (-14) =$	$-51 : 17 =$	$-91 : (-13) =$

82 Calcular as potências:

a) $5^2 =$	$(-5)^2 =$	$7^2 =$	$(-7)^2 =$
b) $(-9)^2 =$	$-9^2 =$	$-11^2 =$	$(-11)^2 =$
c) $1^5 =$	$1^{13} =$	$0^5 =$	$0^{15} =$
d) $(-1)^7 =$	$(-1)^8 =$	$7^0 =$	$-15^0 =$
e) $(-12)^2 =$	$-13^2 =$	$(-14)^2 =$	$-15^2 =$

Resp: **74** a) $9xy$; $-19ax$ b) $26y$; $-19x$ c) $-6ay$; $6ax$ d) $4x^2$; $5y^2$ e) $2x$; $-16x$ f) $8,4xy$; $-8,1x$ g) $-2,2ax^2$; $5,5ay^2$
h) $1x^2 y^2$; $8x^2y^3$ i) 0; $-2an$ j) a; $-a$ k) $-\dfrac{1}{12}x^2y$ l) $\dfrac{17}{24}ax$ **75** a) 8º grau b) 3º grau c) 4º grau
d) 6º grau e) 1º grau f) 2º grau **76** a) 1º grau; 3º grau; 5º grau; b) 2º grau; 1º grau; 3º grau;
77 a) 6º grau b) 7º grau c) 5º grau d) 1º grau e) 2º grau f) 1º grau g) grau 0
78 a) $8x - 13y$ b) $3x - 4a$ c) $6a - 9n$ d) $9x - 3y$ e) $-11x + 13y$ f) $10a + 0n = 10a$ g) $5a + 0x = 5a$
h) $0x + 0y = 0$ i) $4x - 4y - 6a$ j) $4x - 5y + 3z$ k) $x^2 - 9x + 3$ l) $2x^3 - 3x^2 - 5x - 2$ m) $3x^2 - 10x - 13$ n) $x^2 - 3xy + y^2$

83 Calcular as potências:

a) $-1^8 =$ | $(-1)^8 =$ | $(-1)^9 =$ | $-1^9 =$

b) $17^0 =$ | $-17^0 =$ | $(-12)^0 =$ | $(-147)^0$

c) $\left(-\dfrac{2}{3}\right)^2 =$ | $-\left(\dfrac{4}{7}\right)^2 =$ | $-\left(\dfrac{2}{3}\right)^0 =$ | $\left(-\dfrac{2}{3}\right)^0 =$

d) $(-0{,}3)^2 =$ | $(-0{,}2)^2 =$ | $(-0{,}13)^2 =$ | $-(0{,}12)^2 =$

e) $3^4 =$ | $4^3 =$ | $5^3 =$ | $4^4 =$

f) $(-2)^4 =$ | $-2^6 =$ | $(-2)^7 =$ | $-2^9 =$

g) $-16^2 =$ | $(-17)^2 =$ | $-18^2 =$ | $(-19)^2 =$

84 Simplificar as expressões:

a) $-3 - 5 - 7 + 3 + 6 + 9$

b) $-3 + 8 - 5 + 9 - 2 + 11$

c) $2(3) - 12 : 3 - 4(-2)$

d) $-18 : (-2) - 4(-2) - 12$

e) $-(-3) - 2(-1)(-4) - 4(3)$

f) $-2(-5) - (-49 - 7) : (-8) + 3$

g) $2(3)^2 - 4(3) - 7$

h) $-2(-5)^2 - 11(-5) - 8$

i) $-2(-2)^3 - 3(-2)^2 - 5(-2) - 4$

j) $3(-3)(-2) - (-3)^2 - (-2)^2$

k) $4\left(-\dfrac{3}{2}\right)\cdot\left(-\dfrac{5}{2}\right) - 6\left(-\dfrac{7}{3}\right)\left(-\dfrac{5}{2}\right)$

l) $-4\left(-\dfrac{5}{4}\right)(-3) - 15\left(\dfrac{7}{3}\right)\left(-\dfrac{9}{5}\right)$

85 Simplificar a expressão, nos casos:

a) $\dfrac{2}{3} - \dfrac{1}{2} + \dfrac{3}{4} - \dfrac{5}{6} - 1$

b) $3 - \dfrac{2}{3} - \dfrac{3}{2} - \dfrac{1}{6} - \dfrac{1}{5} + \dfrac{7}{15}$

c) $2\left(-\dfrac{2}{3}\right) - 3\left(-\dfrac{1}{2}\right) - \dfrac{3}{4}$

d) $\dfrac{2}{3} \cdot \dfrac{5}{4} - \dfrac{3}{4}\left(-\dfrac{9}{2}\right) - \dfrac{1}{2}$

Valor númerico de uma expressão algébrica. **Exemplos**:

1) $2x - 3xy$,

   para $x = -2$ e $y = -4$:

   $2(-2) - 3(-2)(-4) =$
   $= -4 - 24 = \boxed{-28}$

2) $b^2 - 4ac$,

   para $a = -2$, $b = -3$, $c = 2$:

   $(-3)^2 - 4(-2)(2) = 9 + 16 = \boxed{25}$

3) $s = 2x^2 - 4x - 3$,

   para $x = -3$:

   $s = 2(-3)^2 - 4(-3) - 3 \Rightarrow$
   $s = 2(9) + 12 - 3 \Rightarrow \boxed{s = 27}$

4) $E = 2x - 3y$, $x = \dfrac{2}{3}$, $y = -\dfrac{3}{2}$

   $E = 2\left(\dfrac{2}{3}\right) - 3\left(-\dfrac{3}{2}\right)$

   $E = \dfrac{4}{3} + \dfrac{9}{2} = \dfrac{8+27}{6} \Rightarrow \boxed{E = \dfrac{35}{6}}$

---

86 Determinar o valor da expressão E, nos casos:

a) $E = 2x - 3y$,

   para $x = -5$, $y = -6$

b) $E = -2ab - b^2$,

   para $a = -3$, $b = -4$

c) $E = 2a - 3b - c$,

   para $a = -2$, $b = -3$, $c = 1$

d) $E = 2ab - 3ac$,

   $a = -2$, $b = -3$, $c = -1$

e) $E = -b^2 - 3bc - a^2$,

   $a = 3$, $b = -3$, $c = -2$

f) $E = -2ab - 4ac$,

   $a = 5$, $b = -2$, $c = -3$

---

esp: **79** a) $2x - 3y$ b) $-2x + 3xy$ c) $2x + 5y - 1$ d) $3x + 2y + 7$ e) $-2x^2 - 3x + 7$ f) $3x^2 + 3x - 5$ **80** a) $3x - 2y$

b) $a - 5n$ c) $-4x - 3y + 6$ d) $5x^2 - 12x + 15$ e) $2x^2 + 2y^2$ f) $2x^2 - x$ g) $\dfrac{5}{6}x^3 + \dfrac{13}{12}x^2y + \dfrac{1}{18}xy^2 + \dfrac{1}{4}y^3$

81 a) $-2, 6, -7, -8$ b) $-11, 22, -20, -33$ c) $35, 56, 56, 63$ d) $2, -4, -9, 8$ e) $7, -9, -6, 7$ f) $-3, -6, -4, 6$

g) $-4, 4, -3, 7$ **82** a) $25, 25, 49, 49$ b) $81, -81, -121, 121$ c) $1, 1, 0, 0$ d) $-1, 1, 1, -1$ e) $144, -169, 196, -225$

87 Determinar o valor da expessão 2a – 3b, nos casos:

a) a = 5, b = 3

b) a = 3, b = 2

c) a = – 4, b = – 3

d) $a = \frac{5}{2}$, $b = \frac{2}{3}$

e) $a = \frac{3}{2}$, $b = \frac{2}{3}$

f) $a = -\frac{7}{2}$, $b = -\frac{11}{3}$

g) $a = \frac{5}{4}$, $b = -\frac{7}{6}$

h) $a = \frac{2}{3}$, $b = \frac{3}{2}$

i) $a = -\frac{3}{16}$, $b = -\frac{13}{36}$

88 Sabendo que $y = x^2 - 3x - 4$, determinar y, nos casos:

a) x = 3

b) x = 7

c) x = – 3

d) x = 0

e) x = 4

f) x = – 1

g) $x = \frac{2}{3}$

h) $x = -\frac{2}{3}$

i) x = 0,5

89 Sabendo que $a = \dfrac{2x+y}{x-y}$, determinar a, nos casos:

a) x = 7, y = 6

b) x = 6, y = 4

c) x = – 3, y = – 4

d) x = 2, y = – 4

e) x = 4, y = 4

f) x = – 4, y = 3

g) $x = \dfrac{1}{3}$, $y = -\dfrac{3}{2}$

h) x = 0,3, y = 0,2

90 Se y = 3a – 2b – c, determinar y, nos casos:

a) a = 2, b = – 2, c = – 1

b) a = – 3, b = – 5, c = 4

c) a = 5, b = 0, c = 15

d) a = b = c = 1

e) $a = \dfrac{5}{3}$, $b = -\dfrac{3}{2}$, $c = 7$

f) $a = -\dfrac{5}{9}$, $b = -\dfrac{3}{4}$, $c = -\dfrac{5}{4}$

Resp: **83** a) – 1, 1, – 1, – 1 b) 1, – 1, 1, 1 c) $\dfrac{4}{9}$, $-\dfrac{16}{49}$, – 1, 1 d) 0,09, 0,04, 0,0169, – 0,0144 e) 81, 64, 125, 256
f) 16, – 64, – 128, – 512 g) – 256, 289, – 324, 361 **84** a) 3 b) 18 c) 10 d) 5 e) – 17 f) 6
g) – 1 h) – 3 i) 10 j) 5 k) – 20 l) 48 **85** a) $-\dfrac{11}{12}$ b) $\dfrac{14}{15}$ c) $-\dfrac{7}{12}$ d) $\dfrac{1}{2}$
86 a) E = 8 b) E = – 40 c) E = 4 d) E = 6 e) E = – 36 f) E = 80

43

91 Se x = 2a + 3 e y = 3a − 6 , determinar x e y , nos casos:

a) a = 7

$\begin{cases} x = \\ y = \end{cases}$

b) a = − 3

c) a = $\dfrac{3}{2}$

d) a = − $\dfrac{1}{3}$

---

92 Se x = $\dfrac{2a-3}{3b-5}$, y = $\dfrac{3a+2}{2b+1}$, determinar x, y e z , nos casos:

a) a = − 2 , b = 2 , z = − 2x + 5y

b) a = 3 , b = − 3 , z = − 7x + y

---

93 O símbolo Δ é a letra grega maiúscula chamada delta. Se Δ = b^2 − 4ac , determinar Δ, nos casos:

a) a = 1 , b = − 3 , c = − 10

Exemplo:

Δ = $(-3)^2$ − 4 (1)(− 10)

Δ = 9 + 40 ⇒ $\boxed{\Delta = 49}$

b) a = 2 , b = 3 , c = − 2

c) a = 2 , b = − 1 , c = − 3

d) a = 4, b = − 12 , c = 9

e) a = 6 , b = 17 , c = − 14

f) a = 12 , b = − 29 , c = 15

Podemos indicar um polinômio na variável x por P(x). Leia-se "P de x".

P(x) = 2x + 7 é um polinômio do 1º grau.

P(x) = 3x² – 5x – 5 é um polinômio do 2º grau.

P(x) = 5x³ – 7x + 3 é um polinômio do 3º grau.

Dado o polinômio P(x) = 2x + 7, a expressão P(2), leia-se "P de 2", significa o valor numérico de 2x + 7 para x = 2.

Exemplos:

1) P(x) = 2x + 7

P(2) = 2(2) + 7

P(2) = 4 + 7

P(2) = 11

2) P(x) = 2x + 7

P(– 2) = 2(– 2) + 7

P(– 2) = – 4 + 7

P(– 2) = 3

3) P(x) = x² – 3x – 1

P(– 4) = (– 4)² – 3 (– 4) – 1

P(– 4) = 16 + 12 – 1

P(– 4) = 27

94 Se P(x) = 3x – 9, determinar:

a) P(4)

b) P(0)

c) P(3)

d) P(– 3)

e) P(– 1)

f) P(1)

95 Se P(x) = 2x² + 4x – 6, determinar:

a) P(2)

b) P(– 2)

c) P(0)

d) P(1)

e) P(– 1)

f) P(3)

g) P(– 3)

h) $P\left(\frac{1}{2}\right)$

i) $P\left(-\frac{1}{2}\right)$

Resp: **87** a) 1   b) 0   c) 1   d) 3   e) 1   f) 4   g) 6   h) $-\frac{19}{6}$ i) $\frac{17}{24}$ **88** a) – 4   b) 24   c) 14   d) – 4   e) 0   f) 0   g) $-\frac{50}{9}$ h) $-\frac{14}{9}$ i) $-\frac{21}{4}$ **89** a) 20   b) 8   c) – 10   d) 0   e) Não existe   f) $\frac{5}{7}$ g) $-\frac{5}{11}$ h) 8   **90** a) 11   b) – 3   c) 0   d) 0   e) 1   f) $\frac{13}{12}$

45

96 Se $P(x) = 2x^3 - 3x^2 - 11x + 6$, determinar:

a) $P(0)$

b) $P(1)$

c) $P(-1)$

d) $P(2)$

e) $P(-2)$

f) $P(3)$

g) $P\left(\dfrac{1}{2}\right)$

h) $P\left(-\dfrac{1}{2}\right)$

97 Dados $A = \dfrac{2x^2 - 7x + 6}{x^2 - 5x + 6}$ e $B = \dfrac{3x^2 + 7x - 6}{2x^2 + 5x - 3}$, determinar:

a) A para $x = 4$

b) B para $x = 3$

c) A para $x = 2$

d) B para $x = \dfrac{2}{3}$

e) A para $x = \dfrac{3}{2}$

f) B para $x = \dfrac{1}{2}$

Resp: **91** a) $x = 17$, $y = 15$ b) $x = -3$, $y = -15$ c) $x = 6$, $y = -\dfrac{3}{2}$ d) $x = \dfrac{7}{3}$, $y = -7$ **92** a) $x = -7$, $y = -\dfrac{4}{5}$, $z = 10$
b) $x = -\dfrac{3}{14}$, $y = -\dfrac{11}{5}$, $z = -\dfrac{7}{10}$ **93** a) 49   b) 25   c) 25   d) 0   e) 625   f) 121   **94** a) 3   b) -9
c) 0   d) -18 e) -12 f) -6 **95** a) 10   b) -6 c) -6 d) 0   e) -8 f) 24   g) 0   h) $-\dfrac{7}{2}$ i) $-\dfrac{15}{2}$

47

Operações com polinômios

Monômios semelhantes

1) $2xy$, $3xy$, $-7xy$, $4yx$

2) $-\frac{2}{3}abc$, $-\frac{1}{2}abc$, $3abc$, $7bca$, $-9cba$

3) $3x^2y$, $-2x^2y$, x^2y, $-yx^2$, $-3yx^2$

(A ordem dos fatores não altera o produto - propriedade comutativa)

Redução de termos semelhantes

Para simplificar uma expressão algébrica usa-se a propriedade comutativa para agrupar os semelhantes e a distributiva para somar os semelhantes:

1) $2x + 3x = (2 + 3)x = 5x$ 2) $-2x^2 - 5x^2 - 8x^2 = -15x^2$

3) $2x + 3y + 4x + 2y + 8x + 4y = 14x + 9y$

4) $-2x^2y - 4xy^2 + 7x^2y + 5xy^2 - 3x^2y - 4xy^2 =$

$= (-2 + 7 - 3)x^2y + (-4 + 5 - 4)xy^2 = 2x^2y - 3xy^2$

98 Simplificar as seguintes expressões, reduzindo os termos semelhantes:

a) $5x + 2x + 7x =$

b) $-5y - 6y - 7y - y =$

c) $3x^2 + 6x^2 + 9x^2 =$

d) $-7xy + 11xy =$

e) $-17x^2y + 8x^2y =$

f) $-3ab + 6ab =$

g) $-2x - 4x - 8x + 6x + 3x + x$

h) $2y + 7y + y + 3y - 6y - 8y - 2y$

i) $-x^2 + 3x^2 - 2x^2 + 5x^2 - 3x^2 - 4x^2$

j) $-2a + a - 3a + 7a - 5a + 6a$

k) $2n - 3n - 4n + 3n + 4n - 5n + 3n$

l) $7xy - 4xy - 8xy - xy + 3xy + 4xy$

m) $2x^2 - 3x^2 + 4x^2 - 5x^2 + 6x^2 - 7x^2$

n) $-4r - 5r - 6r + 8r + r - 9r + 16r$

o) $4x^2y - 5x^2y - x^2y + 9x^2y + 4x^2y$

p) $-3m - 5m + 2m + 8m + 5m + 3m - 9m$

99 Simplificar as seguintes expressões, reduzindo os semelhantes.

a) $2x + 3x + 4x + 2y + y + 3y$

b) $-2a + x - a + 2x - 3a + 7x - a$

c) $-2x + 3y - x - y + 3x - 7y + 8x - y$

d) $-2x^2 - 3x + 8x^2 - 5x - 3x^2 - x + 6x$

e) $5x^2 - 9x - 7 - 2x^2 - 6x + 8$

f) $6x^2 - 3x - 2 - 4x^2 + x + 5$

g) $-3x + 2y - 7 - 5y + 7x + 3$

h) $3y - 4x - 7 + 9 + 5x - 2y$

i) $3x^2 - 3x - 1 - 2 - x - x^2 - x + x^2 - 3$

j) $x^2 - x + 1 + 2x^2 - 2x - 2 - 3 + 3x + x^2$

k) $3x^2 - 5x + 2 - x + x^2 - 1 + 4x - 2x$

l) $2x^2 - x + 8 - x - x^2 - x^2 + 3x - 6 - 2$

m) $2x^3 - 3x^2 - x - 1 + 7x^2 - 2x - 1 + x^3$

n) $y^3 - 3 + y^2 - 4 + 3y - y^3 + 2y^2 - 2y$

o) $2x^2 + 3y^2 - 5x^2 - 4y^2 - 9x^2 - 5y^2 + 8x^2 - y^2$

p) $xy + y + x - 3xy - 2x - 2y + 4xy + 3x + 3y$

q) $-2x^2 - 4x - 1 - 5 - 9x + x^2 + x + 9 + 11x^2$

r) $x^2 - 2xy + y^2 - 5x^2 - xy + y^2 - 4xy + 9x^2 + y^2$

Adição e Subtração

Para determinarmos a **adição** ou **subtração** de expressões algébricas, eliminamos os parênteses, quando houver, e reduzimos os termos semelhantes.

Exemplos:

1) $(2x^2 + 5x - 7) + (3x^2 - 2x + 2) =$
   $= 2x^2 + 5x - 7 + 3x^2 - 2x + 2 =$
   $= 5x^2 + 3x - 5$

2) $(7x^2 - 5x - 6) - (-2x^2 - 3x + 2) =$
   $= 7x^2 - 5x - 6 + 2x^2 + 3x - 2 =$
   $= 9x^2 - 2x - 8$

Em expressões simples, como estas, eliminar os parênteses mentalmente

3) $(7x^2 - 3x - 4) + (-2x^2 - 8x + 7) =$
   $= 5x^2 - 11x + 3$

4) $(5x^2 - 9x - 1) - (-3x^2 - 5x + 7) =$
   $= 8x^2 - 4x - 8$

Resp: **96** a) 6   b) –6   c) 12   d) –12   e) 0   f) 0   g) 0   h) $\dfrac{21}{2}$ **97** a) 5   b) $\dfrac{7}{5}$
c) Não existe   d) 0   e) 0   f) Não existe

100 Efetuar:

a) (2a + 3b) + (5a + 7b)

b) (5a + 8b) – (2a + 3b)

c) (3a – 2b) + (7a – 4b)

d) (2a – 3b) – (– 2a + 3b)

e) $(2a^2 - 3ab + b^2) + (a^2 - 3ab - b^2)$

f) $(a^2 - 2ab + b^2) - (a^2 + 2ab + b^2)$

g) $(3x^2 - 7x - 4) + (5x^2 - x - 4)$

h) $(5x^2 - 4x - 3) - (2x^2 - 3x - 2)$

i) $(-6x^2 - 7x + 4) - (-8x^2 - 3x - 4)$

j) $(4x^2 - 3xy - y^2) - (-x^2 + xy + y^2)$

k) $(3x^2 - 5xy + y^2) + (-3x^2 + 5xy - y^2)$

l) $(3x^2 - 5x - 7) - (-3x^2 + 5x + 7)$

m) $(-5x^2 - 3xy + y^2) - (-5x^2 - 3xy - y^2)$

n) $(3x^2 - 5x - 4) - (-3x^3 + 4x^2 + x - 7)$

Multiplicação de uma constante por um polinômio

I) Constante por monômio, usamos a propriedade associativa

1) $3 \cdot (2xy) = (3 \cdot 2)xy = 6xy$

2) $-7(-3x^2y^3) = 21x^2y^3$

II) Constante por binômio ou polinômio com mais de dois termos, usamos as propriedades distributiva e associativa.

1) $2(4x + 3y) = 2(4x) + 2(3y) = (2 \cdot 4)x + (2 \cdot 3)y = 8x + 6y$

2) $-3(2x^2 - 3y^3) = -6x^2 + 9y^3$

101 Efetuar:

a) 3(7xy) =

b) $-3(-2x^3y) =$

c) $-4(-3x^2) =$

d) $-8(x^4) =$

e) – 5 (2y) =

f) 5(x) =

g) (7xy)(8) =

h) $(-9x^2)(-4)$

50

102 Efetuar:

a) $5(2x - 3y) =$

b) $-3(-5x + 2y) =$

c) $-1(-2x + y) =$

d) $7(a + b) =$

e) $7(2x^2 - 3x) =$

f) $-7(-8x^2 + 9)$

g) $7(2x^3 - 4x^2 - 8x - 9) =$

h) $-8(-x^3 + x^2 - 9x - 7) =$

103 Efetuar as multiplicações e simplificar, reduzindo os semelhantes:

a) $2(2x) - 3(-3y) - 2(-3x) + 5(y)$

b) $3(-2a) - 5(2b) - 3(-3a) - 4(-2b)$

c) $2(2a - 3b) - 3(b - 3a)$

d) $2(a + b) - 7(b - a)$

e) $2(2x^2 - 3x - 1) - 3(-x^2 - x - 3)$

f) $-2(x^2 - x) - 3(x + 7) - 3(3 - 2x^2)$

g) $-2(-2x^2) - 3(-2x) + 4(-2) - 2(2x^2 - 1) - 3(2x - 3) - 2(-4 - 3x - 2x^2)$

h) $-3(-2x^2 - 3x + 2) - 2(2x^2 - 1) + 3(x - 2) - 2(2x^2) - 3(-2x) - 5(-x^2)$

i) $-2(-3x^2 - 3x - 1) + 4(x^3 + 2x^2) - 3(x^3 - x) + 4(x^2 - x) - 2(1 - x - x^2 - x^3) + 2(1 - x^3) - (x^2 + x^3)$

Resp: **98** a) 14x   b) −19y   c) $18x^2$ d) 4xy   e) $-9x^2y$ f) 3ab   g) −4x   h) −3y   i) $-2x^2$ j) 4a
k) 0   l) xy   m) $-3x^2$ n) r   o) $11x^2y$ p) m   **99** a) 9x + 6y   b) 10x − 7a
c) 8x − 6y   d) $3x^2 - 3x$ e) $3x^2 - 15x + 1$ f) $2x^2 - 2x + 3$ g) 4x − 3y − 4   h) x + y + 2   i) $3x^2 - 5x - 6$
j) $4x^2 - 4$ k) $4x^2 - 4x + 1$ l) x   m) $3x^3 + 4x^2 - 3x - 2$ n) $3y^2 + y - 7$ o) $-4x^2 - 7y^2$ p) 2xy + 2x + 2y
q) $10x^2 - 12x + 3$ r) $5x^2 - 7xy + 3y^2$

51

Multiplicação de monômio por monômio

Revisão:

1) $a^4 \cdot a^3 = a^{4+3} = a^7$, $x^5 \cdot x = x^{5+1} = x^6$

2) $x^5 \cdot x^2 = x^7$, $x \cdot x = x^2$, $y \cdot y^2 = y^3$

Exemplos:

1) $(-2x^3y^2) \cdot (-3x^2y^4) = 6x^5y^6$

2) $(-5x^3yz) \cdot (2xy^2) = -10x^4y^3z$

3) $a(bc) = abc$

104 Efetuar:

a) $(x^3y^2)(x^5y^3) =$

b) $a^2b^3(a^3b^2) =$

c) $(3x^2y)(5xy^2) =$

d) $a(abc) =$

e) $b(abc) =$

f) $c(abc) =$

g) $ab(cd) =$

h) $2x(3y) =$

i) $(-7)(-4xy) =$

j) $(-3xy)(-2) =$

k) $(-3x)(-4y) =$

l) $(-2ab)(5x) =$

m) $8x\left(\dfrac{-3}{4}x^2\right) =$

n) $-15xy\left(-\dfrac{7xy}{5}\right) =$

o) $-\dfrac{3}{7}xy(-14x) =$

p) $\dfrac{7}{4}xy(12y) =$

q) $\dfrac{2}{3}x\left(\dfrac{4}{5}xy\right) =$

r) $\dfrac{6}{25}a\left(\dfrac{5}{2}xy\right) =$

s) $7x^3y^2z\,(-8xyz) =$

t) $-7x^3y(-9yx^2) =$

u) $\left(\dfrac{5}{7}xy\right)(-14y)(-3x) =$

v) $\left(-\dfrac{2}{3}xy\right)(-9x)(5xy^2) =$

w) $(-2x^3)(-8x)(3x^2) =$

x) $(-4x^2y)(-3xy^2)(2xy) =$

y) $(-5xy)(-xy)(7x^2y^2) =$

z) $(7ab)(4bc)(2abc) =$

Divisão de monômio por monômio (divisor diferente de zero).

Revisão:

1) $a^7 : a^4 = a^{7-4} = a^3$, $x^6 : x = x^6 : x^1 = x^{6-1} = x^5$

2) $a^8 : a^2 = a^6$, $x^2 : x = x$, $a : a = a^0 = 1$

Exemplos:

1) $(-24x^jy^8) : (-8x^3y^5) = 3x^4y^3$

2) $(28x^4y^2z) : (-7xy^2) = -4x^3z$

3) $\left(\frac{5}{3}a^2b^7c\right)\left(-\frac{25}{6}b^2c\right) = -\frac{5}{3} \cdot \frac{6}{25}a^2b^5 = -\frac{2}{5}a^2b^5$

105 Efetuar as seguintes divisões:

a) $(-48a^5x^7) : (-8a^2x^2) =$

b) $(56x^8y^9) : (-8x^3y^7) =$

c) $(63a^6b^3c) : (9a^5b^2c) =$

d) $(-72x^3y) : (-9x) =$

e) $(-60abc) : (15bc) =$

f) $(-36x^3y^2z) : (-3x^2yz) =$

g) $(72x^3y) : (-36) =$

h) $(-144a^4b^3c) : (-12a^4b^3) =$

i) $(169x^3y^4) : (13x^3y^4) =$

j) $(-196x^2y^2z) : (-14xy^2z) =$

k) $\dfrac{-54x^3y^4z}{-9xy} =$

l) $\dfrac{-56x^8y^2z}{-8x^3y^2} =$

m) $\left(\frac{5}{6}x^3y\right)\left(-\frac{10}{3}xy\right)$

n) $\left(-\frac{34}{19}x^3y^5\right) : \left(-\frac{51}{57}x^3y^4\right)$

o) $\dfrac{51x^5y^4z}{3xyz} =$

p) $\dfrac{-91xy^2}{-7xy} =$

q) $(-54ax^3y^5) : (-18ax^2y^4) =$

r) $(-108x^4y^3z) : (-36x^4y^2) =$

Resp: **100** a) $7a + 10b$ b) $3a + 5b$ c) $10a - 6b$ d) $4a - 6b$ e) $3a^2 - 6ab$ f) $-4ab$ g) $8x^2 - 8x - 8$
h) $3x^2 - x - 1$ i) $2x^2 - 4x + 8$ j) $5x^2 - 4xy - 2y^2$ k) o   l) $6x^2 - 10x - 14$ m) $2y^2$ n) $3x^3 - x^2 - 6x + 3$
101 a) $21xy$ b) $6x^3y$ c) $12x^2$ d) $-8x^4$ e) $-10y$ f) $5x$ g) $56xy$ h) $36x^2$
102 a) $10x - 15y$ b) $15x - 6y$ c) $2x - y$ d) $7a + 7b$ e) $14x^2 - 21x$ f) $56x^2 - 63$ g) $14x^3 - 28x^2 - 56x - 63$
h) $8x^3 - 8x^2 + 72x + 56$ **103** a) $10x + 14y$ b) $3a - 2b$ c) $13a - 9b$ d) $9a - 5b$ e) $7x^2 - 3x + 7$
f) $4x^2 - x - 30$ g) $4x^2 + 6x + 11$ h) $3x^2 + 18x - 10$ i) $19x^2 + 7x + 2$

53

Multiplicação de monômio por polinômio

Multiplica-se o monômio por todos os monômios do polinômio

Propriedade distributiva: a(x + y) = ax + ay

Exemplos:

1) $2x(3x^2 + 4xy) = 2x(3x^2) + 2x(4xy) = 6x^3 + 8x^2y$

2) $-3x^2y^3(-2x^3y^2 + 3x^2y - 5xy^3) = 6x^5y^5 - 9x^4y^4 + 15x^3y^6$

3) $2x^2(3x^2 - 5x - 4) = 6x^4 - 10x^3 - 8x^2$

4) $a(a + b + c + 2) = a^2 + ab + a + ac + 2a$

106 Efetuar as seguintes multiplicações:

a) $2x^3(4x^2 + 3x)$

b) $-2x^2y(-3x^2 - 2xy + y^2)$

c) $abc(a + b + c)$

d) $-xy(-x^2 + 2xy - y^2)$

e) $ab(a^2b^2 - ab + 3)$

f) $5xy(-3x^2y - 3xy^2 - 4xy)$

g) $-\dfrac{2}{3}x^2y(-3xy^2 - 6xy)$

h) $-\dfrac{5}{7}x^2\left(\dfrac{7}{5}x^2 - \dfrac{14}{5}x - 35\right)$

i) $2abc(3ab - 2ac - 3bc)$

j) $xy(x^2 + xy + y^2)$

k) $2x^3(3x^3 - 2x^2 - 4x + 1)$

l) $-5y^3(-2y^3 - 3y^2 - 4y + 7)$

m) $\dfrac{2}{3}x^2y\left(\dfrac{3}{5}x^2 - \dfrac{6}{7}xy - y^2\right)$

n) $\dfrac{6}{25}x\left(-\dfrac{35}{12}x^2 + \dfrac{55}{18}x - \dfrac{25}{6}\right)$

o) $-\dfrac{3}{2}x^2(-6x^2 - 4x + 8)$

p) $-\dfrac{3}{5}xy(-10x^2 + 15xy - 5y^2)$

107 Efetuar as operações e simplificar, reduzindo os semelhantes:

a) $2x(3x^2 - 2x - 3) - 2x(3x - 4)$

b) $3x(x^2 - 2x - 1) - 4x(1 - 3x - x^2)$

c) $(-12x^2y) : (-3xy) - (4x^3) : (-2x^2)$

d) $(-8x^2) : (-2x) - (21x^3) : (-7x^2) - x$

e) $-3x(2x^2 - 3x + 2) - 2x^2(3x - 2) - (16x^3) : (4x) - (-56x^3) : (-7x^2) + 14x$

f) $2x(3x^2 - 3x - 1) - 4(3x^3 - 2x^2 - 3x - 5) - 5x^2(-3x + 2) + 4x(-x^2 - x - 1) - 20$

g) $(-24x^3y) : (-12xy) - (51x^2y) : (-17xy) - 3x(2x - 3) - 7x(2x) - 3x(x - 3)$

h) $-2(2x^2 - 2x - 1) + 3x(x - 3) - 3x^2(-2) - (27x^3) : (-9x^2) - 38x^2 : (-19x^2) - 4(x^2 - x)$

i) $2x(3x^2 - 2x - 1) - 2(-5x^3 - 3x^2 + 7x - 8) - 3(2x^2 - 5x - 4) - 7x(-2x + 3) - 8(2x^3) - 28$

Resp: **104** a) x^8y^5 b) a^5b^5 c) $15x^3y^3$ d) a^2bc e) ab^2c f) abc^2 g) $abcd$ h) $6xy$ i) $28xy$
j) $6xy$ k) $12xy$ l) $-10abx$ m) $-6x^3$ n) $21x^2y^2$ o) $6x^2y$ p) $21xy^2$ q) $\dfrac{8}{15}x^2y$ r) $\dfrac{3}{5}axy$
s) $-56x^4y^3z^2$ t) $63x^5y^2$ u) $30x^2y^2$ v) $30x^3y^3$ w) $48x^6$ x) $24x^4y^4$ y) $35x^4y^4$ z) $56a^2b^3c^2$

105 a) $6a^3x^5$ b) $-7x^5y^2$ c) $7ab$ d) $8x^2y$ e) $-4a$ f) $12xy$ g) $-2x^3y$ h) $12c$ i) 13
j) $14x$ k) $6x^2y^3z$ l) $7x^5z$ m) $-\dfrac{1}{4}x^2$ n) $2y$ o) $17x^4y^3$ p) $13y$ q) $3xy$ r) $3yz$

55

Divisão de um polinômio por um monômio

Baseia-se na seguinte propriedade:

$\frac{a+b}{c} = (a+b) \cdot c^{-1} = a \cdot c^{-1} + b \cdot c^{-1} = \frac{a}{c} + \frac{b}{c}$. Então: $\frac{a+b}{c} = \frac{a}{c} + \frac{b}{c}$

Basta então dividir cada termo do polinômio pelo monômio divisor.

Exemplos:

1) $(12x^3 + 8x^2) : (4x) = \frac{12x^3}{4x} + \frac{8x^2}{4x} = 3x^2 + 2x$

2) $(-27x^3y^2 + 18x^2y - 45xy^2) : (-9xy) = 3x^2y - 2x + 5y$

---

108 Efetuar as seguintes divisões:

a) $(a^5 + a^4 + a^3) : (a^2)$

b) $(x^7y^5 - x^6y^6 + 7x^5y^7) : (x^3y^2)$

c) $(-18x^4y^3 - 24x^3y^2) : (-6x^2y)$

d) $(-18x^4y^3 - 24x^3y^2) : (-6x^3y^2)$

e) $(36x^4y^4 - 48x^3y^3) : (6x^2y^2)$

f) $(36x^4y^4 - 48x^3y^3) : (12x^3y^3)$

g) $(16x^2 - 8xy - 12y^2) : (4)$

h) $(-24x^3y + 18x^2y^2 - 12xy^3) : (-6xy)$

i) $\frac{14x^4y^2 - 42x^3y^2 - 63x^2y^3}{7x^2y^2}$

j) $\frac{72m^4n - 56m^3n^2 - 64m^2n^3}{8m^2n}$

k) $(32m^3n - 24m^2n^2 - 40m^2n) : (8m^2n)$

l) $(8x^3 - 12x^2y - 4xy^2) : (4x)$

m) $(15x^3y + 10x^2y^2 - 5x^2y) : (5x^2y)$

n) $(-36x^5 - 60x^4 + 72x^3) : (-12x^3)$

56

109 Simplificar as seguintes expressões:

a) $3x(2x^2 - 3x + 4) - 3x^2(5 - 2x) + (6x^4 - 8x^3 - 4x^2) : (2x^2) + (-72x^4) : (6x)$

b) $(-12x^4 - 18x^3 + 24x^2 - 30x) : (-6x) - 2x(x^2 - 6x + 4) - (14x^2 - 21x) : (-7x)$

c) $(6x^4 - 9x^3y + 3x^2y^2) : (3x^2) - 3x(2x - 3y) - 2y(2x - y) - (6x^3y^4) : (-3x^2y^3)$

d) $(-28x^5 + 56x^4 - 63x^3) : (-7x^3) - 2x(3x - 2) - 3(2 - x - 4x^2) - 8x(x - 1)$

110 Escrever a expressão entre parênteses que torna a sentença verdadeira:

a) $56 = 7 \cdot ($ $)$ b) $63 = 9 \cdot ($ $)$ c) $144 = 9 \cdot ($ $)$ d) $252 = 4 \cdot ($ $)$

e) $8x^7y^3 = 4x^2y\ ($ $)$ f) $36x^5y^7z = -9x^3y^4\ ($ $)$

g) $8x^4 - 12x^3 = 2x\ ($ $)$ h) $8x^4 - 12x^3 = 4x^3\ ($ $)$

i) $36ax^8 - 24bx^5 = 4x^3\ ($ $)$ j) $36ax^8 - 24bx^5 = 12x^5\ ($ $)$

k) $54x^3y^2 - 36x^2y = 9xy\ ($ $)$ l) $54x^3y^2 - 36x^2y = -18x^2y\ ($ $)$

m) $x^3 - 7x^2 + x = x\ ($ $)$ n) $6x^4 - 9x^3 - 15x^2 = -3x^2\ ($ $)$

o) $36x^4y^3 - 54x^3y^4 = 9x^2y^2\ ($ $)$ p) $36x^4y^3 - 54x^3y^4 = 18x^3y^3\ ($ $)$

---

esp: **106** a) $8x^5 + 6x^4$ b) $6x^4y + 4x^3y^2 - 2x^2y^3$ c) $a^2bc + ab^2c + abc^2$ d) $x^3y - 2x^2y^2 + xy^3$ e) $a^3b^3 - a^2b^2 + 3ab$
f) $-15x^3y^2 - 15x^2y^3 - 20x^2y^2$ g) $2x^3y^3 + 4x^3y^2$ h) $-x^4 + 2x^3 + 25x^2$ i) $6a^2b^2c - 4a^2bc^2 - 6ab^2c^2$
j) $x^3y + x^2y^2 + xy^3$ k) $6x^6 - 4x^5 - 8x^4 + 2x^3$ l) $10y^6 + 15y^5 + 20y^4 - 35y^3$ m) $\frac{2}{5}x^4y - \frac{4}{7}x^3y^2 - \frac{2}{3}x^2y^3$
n) $-\frac{7}{10}x^3 + \frac{11}{15}x^2 - x$ o) $9x^4 + 6x^3 - 12x^2$ p) $6x^3y - 9x^2y^2 + 3xy^3$ **107** a) $6x^3 - 10x^2 + 2x$ b) $7x^3 + 6x^2 - 7x$
c) $6x$ d) $6x$ e) $-12x^3 + 9x^2$ f) $5x^3 - 12x^2 + 6x$ g) $-21x^2 + 21x$ h) $x^2 + 2x + 4$ i) $10x^2 - 22x$

Multiplicação de polinômio por polinômio

Aplica-se sucessivamente a propriedade distributiva:

$(a + b)(c + d) = (a + b)c + (a + b)d = ac + bc + ad + bd$

Basta então multiplicar cada termo de um polinômio por todos os termos do outro.

$$(a + b)(c + d) = ac + ad + bc + bd$$

Reduzindo em seguida, se houver, os termos semelhantes.

Exemplos:

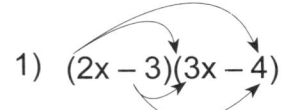

1) $(2x - 3)(3x - 4)$

$6x^2 - 8x - 9x + 12$
$6x^2 - 17x + 12$

2) $(3x - 5)(2x^2 - 4x - 7)$

$6x^3 - 12x^2 - 21x - 10x^2 + 20x + 35$
$6x^3 - 22x^2 - x + 35$

111 Efetuar as seguintes multiplicações de polinômios:

a) $(3x - 2)(4x - 5)$

b) $(2x - 5)(3x - 4)$

c) $(5x - 7)(2x + 1)$

d) $(-3x + 4)(2x - 8)$

e) $(-3x - 2)(-5x + 9)$

f) $(-8x - 1)(-3x + 6)$

g) $(5x + 4)(5x - 4)$

h) $(6x - 5)(6x - 5)$

i) $(-4x - 3)(-4x + 3)$

j) $(-3x + 4)(-3x + 4)$

k) $(3 - 5x)(6 + 5x)$

l) $(-3 - 4x)(-3x + 4)$

112 Efetuar as multiplicações:

a) $(3x - 5)^2 = (3x - 5)(3x - 5)$

b) $(4x + 7)^2 = (4x + 7)(4x + 7)$

c) $(-5x + 4)^2 =$

d) $(-3x - 7)^2$

e) $(3x - 5)(2x^2 - 5x - 3)$

f) $(5x - 2)(-2x^2 + 3x - 4)$

g) $(2x - 3)(4x^2 - 6x + 9)$

h) $(2x - 3)(4x^2 + 6x + 9)$

i) $(3x - 2y)(4x - 5y)$

j) $(3x - 2y)^2$

k) $(-3x + 4y)(-3x - 5y)$

l) $(5x - 7y)(5x + 7y)$

m) $(-5x + 6y)^2$

n) $(-7x - 8y)(8y - 7x)$

o) $(2x^2 - 3xy - 4y^2)(3x - 2y)$

p) $(5x + 3y)(3x^2 - 2xy + y^2)$

---

esp: **108** a) $a^3 + a^2 + a$ b) $x^4y^3 - x^3y^4 + 7x^2y^5$ c) $3x^2y^2 + 4xy$ d) $3xy + 4$ e) $6x^2y^2 - 8xy$ f) $3xy - 4$ g) $4x^2 - 2xy - 3y^2$
h) $4x^2 - 3xy + 2y^2$ i) $2x^2 - 6x - 9y$ j) $9m^2 - 7mn - 8n^2$ k) $4m - 3n - 5$ l) $2x^2 - 3xy - y^2$ m) $3x + 2y - 1$ n) $3x^2 + 5x - 6$
109 a) $-21x^2 + 8x - 2$ b) $15x^2 - 10x + 2$ c) $-4x^2 + 4xy + 3y^2$ d) $2x^2 + 7x + 3$ **110** a) 8 b) 7 c) 16
d) 63 e) $2x^5y^2$ f) $-4x^2y^3z$ g) $4x^3 - 6x^2$ h) $2x - 3$ i) $9ax^5 - 6bx^2$ j) $3ax^3 - 2b$ k) $6x^2y - 4x$
l) $-3xy + 2$ m) $x^2 - 7x + 1$ n) $-2x^2 + 3x + 5$ o) $4x^2y - 6xy^2$ p) $2x - 3y$

113 Efetuar as multiplicações:

a) $(2x^2 - 3x - 4)(3x^2 - 6x - 3)$

b) $(2x - 3y - 4)(3x + 4y - 3)$

c) $(2x^2 - 3xy + 4y^2)(3x^2 - 4xy - 3y^2)$

d) $(2x - 3y + 4)^2$

114 Observar o exemplo resolvido de multiplicação de polinômios, onde o termos semelhantes obtidos são colocados em colunas verticais e, a seguir, resolver da mesma forma os outros itens. É conveniente, em relação a uma variável escolhida, que se escreva o polinômio com o expoente dessa variável em ordem crescente (ou decrescente).

a) $2x^3 - 4x^2 - 3x - 4$
$2x^2 - 4x - 3$
──────────────────
$4x^5 - 8x^4 - 6x^3 - 8x^2$
$ - 8x^4 + 16x^3 - 12x^2 + 16x$
$ - 6x^3 + 12x^2 + 9x + 12$
──────────────────
$4x^5 - 16x^4 + 4x^3 - 8x^2 + 25x + 12$

b) $4x^3 - 5x^2 + 4x - 3$
$3x^2 - 2x - 5$
──────────────────

c) $3x^3 - 4x^2y - 3xy^2 - 2y^3$
$3x^2 - 2xy - 4y^2$
──────────────────

d) $-5x^3 - 2x^2 - 4x + 3$
$-3x^3 + 2x^2 - 3x$
──────────────────

115 Efetuar as seguintes multiplicações: (Observar o item a).

a) $(2x - 3)(3x + 2)(2x^2 - 3x - 5) =$
   $(6x^2 + 4x - 9x - 6)(2x^2 - 3x - 5) =$
   $(6x^2 - 5x - 6)(2x^2 - 3x - 5) =$
   $12x^4 - 18x^3 - 30x^2 - 10x^3 + 15x^2 + 25x - 12x^2 + 18x + 30 =$
   $12x^4 - 28x^3 - 27x^2 + 43x + 30$

b) $(3x - 2)(4x - 3)(3x^2 - 2x - 2)$

c) $(3x^2 - 3x - 4)(2x - 1)(2x - 5)$

d) $(2x + 3y)(-2x - 4y)(-2x + y)(3x - y)$

Resp: **111** a) $12x^2 - 23x + 10$ b) $6x^2 - 23x + 20$ c) $10x^2 - 9x - 7$ d) $-6x^2 + 32x - 32$ e) $15x^2 - 17x - 18$
f) $24x^2 - 45x - 6$ g) $25x^2 - 16$ h) $36x^2 - 60x + 25$ i) $16x^2 - 9$ j) $9x^2 - 24x + 16$
k) $18 - 15x - 25x^2$ l) $12x^2 - 7x - 12$ **112** a) $9x^2 - 30x + 25$ b) $16x^2 + 56x + 49$ c) $25x^2 - 40x + 16$
d) $9x^2 + 42x + 49$ e) $6x^3 - 25x^2 + 16x + 15$ f) $-10x^3 + 19x^2 - 26x + 8$ g) $8x^3 - 24x^2 + 36x - 27$ h) $8x^3 - 27$
i) $12x^2 - 23xy + 10y^2$ j) $9x^2 - 12xy + 4y^2$ k) $9x^2 + 3xy - 20y^2$ l) $25x^2 - 49y^2$ m) $25x^2 - 60xy + 36y^2$
n) $49x^2 - 64y^2$ o) $6x^3 - 13x^2y - 6xy^2 + 8y^3$ p) $15x^3 - x^2y - xy^2 + 3y^3$

61

116 Determinar as seguintes potências (transformar em multiplicação).

a) $(3x^2 - 4x - 2)^2 = (3x^2 - 4x - 2)(3x^2 - 4x - 2)$

b) $(2x^2 - 3xy - 4y^2)^2$

c) $(3x - 4)^3$

d) $(3x - 2)^4$

117 Simplificar as seguintes expressões, reduzindo os termos semelhantes:

a) $(2x - 3)(3x - 2) - (4x - 1)(3x - 2) - (2x + 3)(3x - 2) - (2 - 3x)(-3x - 4)$

b) $(4x - 1)(3x - 5) - 2(2x + 1)(2x - 3) - 3(2x - 1)(3 - 4x) - 4(x + 3)(x - 5)$

118 Simplificar as seguintes expressões:

a) $(2x - 5)(3x^2 - x - 1) - 2(x^2 - 2x + 4)(x + 2) - 3(x + 3)(x - 2)$

b) $2x(2x - 1)(x + 2) - 3(x^2 - 2x - 1)(x + 2) - 3(x + 4)(x - 5)$

c) $2x(2x - 3)^3 - 3(3x + 1)^3$

d) $3x^2(3x - 5)^2 - 2(2x^2 - 3x - 1)^2$

Resp: **113** a) $6x^4 - 21x^3 + 33x + 12$ b) $6x^2 - xy - 12y^2 - 18x - 7y + 12$ c) $6x^4 - 17x^3y + 18x^2y^2 - 7xy^3 - 12y^4$
d) $4x^2 + 9y^2 - 12xy + 16x - 24y + 16$ **114** a) $4x^5 - 16x^4 + 4x^3 - 8x^2 + 25x + 12$ b) $12x^5 - 23x^4 + 2x^3 + 8x^2 - 14x + 15$
c) $9x^5 - 18x^4y - 13x^3y^2 + 16x^2y^3 + 16xy^4 + 8y^5$ d) $15x^6 - 4x^5 + 23x^4 - 11x^3 + 18x^2 - 9x$
115 a) $12x^4 - 28x^3 - 27x^2 + 43x + 30$ b) $36x^4 - 75x^3 + 28x^2 + 22x - 12$ c) $12x^4 - 48x^3 + 35x^2 + 33x - 20$
d) $24x^4 + 64x^3y + 6x^2y^2 - 46xy^3 + 12y^4$ **116** a) $9x^4 - 24x^3 + 4x^2 + 16x + 4$ b) $4x^4 - 12x^3y - 7x^2y^2 + 24xy^3 + 16y^4$
c) $27x^3 - 108x^2 + 144x - 64$ d) $81x^4 - 216x^3 + 216x^2 - 96x + 16$ **117** a) $-21x^2 - 13x + 18$
b) $24x^2 - 37x + 80$ **118** a) $4x^3 - 20x^2 + 7$ b) $x^3 + 3x^2 + 14x + 66$
c) $16x^4 - 153x^3 + 27x^2 - 81x - 3$ d) $19x^4 - 66x^3 + 65x^2 - 12x - 2$

VII EQUAÇÕES DO PRIMEIRO GRAU

Definição: Chamamos de equação do primeiro grau na variável x, toda equação polinômial na variável x que pode ser escrita na forma

$$ax + b = 0, \quad a \neq 0$$

Na abordagem feita neste volume, vamos considerar que a e b são números racionais.

Note que o número $x = -\dfrac{b}{a}$ torna a sentença ax + b = 0 verdadeira, isto é, $a\left(-\dfrac{b}{a}\right) + b = -b + b = 0$.

O número $-\dfrac{b}{a}$ é chamado raiz da equação ax + b = 0.

Os conjuntos $V = \left\{-\dfrac{b}{a}\right\}$ e $S = \left\{-\dfrac{b}{a}\right\}$ são chamados conjunto verdade e conjunto solução da equação ax + b = 0

As duas propriedades seguintes nos permite determinar a raiz de uma equação do 1º grau.

Propriedade de simplificação para a adição: $a + c = b + c \Rightarrow a = b$

Usando esta propriedade obtemos: $ax + b = 0 \Rightarrow ax = -b$. Verifique:

$ax + b = 0 \Rightarrow ax + b = b + (-b) \Rightarrow ax = -b$.

Esta propriedade permite afirmar que um número que está **somando** em um membro, vai para o outro membro, **subtraindo**. E se estiver **subtraindo**, vai para o outro membro, **somando**.

"Passa" com sinal trocado.

Exemplos:

1) $x + 2 = 8 \Rightarrow x = 8 - 2$ $x + 9 = -5 \Rightarrow x = -5 - 9,$ $3x + 7 = 1 \Rightarrow 3x = 1 - 7$

2) $x - 3 = 9 \Rightarrow x = 9 + 3$ $x - 4 = -3 \Rightarrow x = -3 + 4,$ $5x - 2 = -17 \Rightarrow 5x = -17 + 2$

Propriedade de simplificação para a multiplicação: $ac = bc, \; c \neq 0 \Rightarrow a = b$

Usando esta propriedade obtemos: $ax = -b, a \neq 0 \Rightarrow x = -\dfrac{b}{a}$. Verifique:

$ax = -b \Rightarrow ax = -b \cdot a \cdot \dfrac{1}{a} \Rightarrow x = -b \cdot \dfrac{1}{a} \Rightarrow x = -\dfrac{b}{a}$

Esta propriedade permite afirmar que um número que está **multiplicando** em um membro, vai para o outro membro, **dividindo**. E se estiver **dividindo**, vai para o outro membro, **multiplicando**.

Quando "passa" dividindo ou multiplicando, não mudamos o sinal

Exemplos:

1) $5x = 7 \Rightarrow x = \dfrac{7}{5};$ $3x = -15 \Rightarrow x = \dfrac{-15}{3};$ $-3x = 8 \Rightarrow x = \dfrac{8}{-3}$

2) $\dfrac{x}{5} = 3 \Rightarrow x = 5 \cdot 3$ $\dfrac{x}{-4} = 2 \Rightarrow x = -4 \cdot 2$ $\dfrac{x}{-3} = -2 \Rightarrow x = -3(-2)$

3) $\dfrac{2}{3}x = 5 \Rightarrow x = \dfrac{3}{5}(5)$ $\dfrac{-2}{3}x = 4 \Rightarrow x = \dfrac{-3}{2}(4)$ $\dfrac{7}{-9}x = 14 \Rightarrow x = \dfrac{-9}{7}(14)$

Exemplo: Determinar as raízes das equações seguintes

x + 8 = 15	x − 2 = −5	x + 7 = 0	8 = x + 3	−9 = 5 + x
x = 15 − 8	x = −5 + 2	x = 0 − 7	8 − 3 = x	−9 − 5 = x
x = 7	x = −3	x = −7	x = 5	x = −14

119 Fazendo mentalmente a primeira passagem dos exemplos, determinar a raiz da equação, nos casos:

a) x + 6 = 10 | x − 4 = 7 | x + 9 = 0 | x − 12 = −10 | x + 3 = −6
x = | x = | x = | x = | x =

b) 4 = x + 1 | 7 = x − 5 | −4 = −7 + x | −8 = −5 + x | −9 = 3 + x
x = | x = | x = | x = | x =

Exemplo: Determinar as raízes das equações seguintes:

2x = 12	−2x = 18	−8x = 0	14 = 7x	−24 = −3x
$x = \dfrac{12}{2}$	$x = \dfrac{18}{-2}$	$x = \dfrac{0}{-8}$	$\dfrac{14}{7} = x$	$\dfrac{-24}{-3} = x$
x = 6	x = −9	x = 0	x = 2	x = 8

$\dfrac{x}{5} = 3$	$\dfrac{x}{-6} = 2$	$\dfrac{x}{3} = -2$	$-5 = \dfrac{x}{-2}$	$7 = \dfrac{x}{-2}$
x = 5 · 3	x = −6 · 2	x = 3(−2)	−5 · (−2) = x	7 · (−2) = x
x = 15	x = −12	x = −6	x = 10	x = −14

120 Fazendo mentalmente a primeira passagem dos exemplos, determinar a raiz da equação, nos casos:

a) 4x = 20 | 2x = −10 | −3x = 6 | −6x = −18 | −56 = 8x
x = | x = | x = | x = | x =

b) −6x = 48 | −9x = −63 | −42 = 7x | −81 = 9x | 72 = −8x
x = | x = | x = | x = | x =

c) −x = 2 | −x = −7 | 8 = −x | 10 = −2x | −35 = −7x
x = | x = | x = | x = | x =

d) $\dfrac{x}{2} = -3$ | $\dfrac{x}{-3} = 7$ | $\dfrac{x}{-2} = -5$ | $-7 = \dfrac{x}{-2}$ | $5 = \dfrac{x}{-8}$
x = | x = | x = | x = | x =

e) $\dfrac{x}{-2} = -15$ | $6 = \dfrac{x}{-7}$ | $\dfrac{x}{5} = -9$ | $-1 = \dfrac{x}{-7}$ | $0 = \dfrac{x}{-8}$
x = | x = | x = | x = | x =

Exemplo: Determinar as raízes das equações seguintes:

$4x = 6$	$-8x = 4$	$-24 = -16x$	$-7 = -8x$	$18x = -12$
$x = \dfrac{6}{4}$	$x = \dfrac{4}{-8}$	$\dfrac{-24}{-16} = x$	$\dfrac{-7}{-8} = x$	$x = \dfrac{-12}{18}$
$x = \dfrac{3}{2}$	$x = -\dfrac{1}{2}$	$x = \dfrac{3}{2}$	$x = \dfrac{7}{8}$	$x = -\dfrac{2}{3}$

121 Fazendo a primeira passagem do exemplo mentalmente, determinar a raiz da equação, nos casos:

a) $15x = 10$; $18x = -6$; $-4x = -2$; $-28x = 21$; $-3x = 5$

  x = ; x = ; x = ; x = ; x =

b) $-35 = 42x$; $-15 = -25x$; $-8 = 12x$; $-9 = 11x$; $-6 = -7x$

  x = ; x = ; x = ; x = ; x =

c) $-27x = -18$; $-56 = 72x$; $-32x = 40$; $-25 = -45x$; $-28 = 63x$

  x = ; x = ; x = ; x = ; x =

Exemplo: Determinar as raízes das equações seguintes:

$\dfrac{2}{3}x = \dfrac{5}{7}$	$\dfrac{7x}{5} = \dfrac{14}{25}$	$-\dfrac{34}{5} = -\dfrac{17x}{3}$	$\dfrac{1}{7} = \dfrac{-5x}{15}$	$\dfrac{-2x}{45} = \dfrac{3}{-25}$
$x = \dfrac{3}{2} \cdot \dfrac{5}{7}$	$\dfrac{x}{1} = \dfrac{2}{5}$	$\dfrac{2}{5} = \dfrac{x}{3}$	$\dfrac{1}{7} = \dfrac{-x}{3}$	$\dfrac{2x}{9} = \dfrac{3}{5}$
$x = \dfrac{15}{14}$	$x = \dfrac{2}{5}$	$x = \dfrac{6}{5}$	$x = -\dfrac{3}{7}$	$x = \dfrac{27}{10}$

122 Determinar a raiz da equação, nos casos:

a) $\dfrac{3}{2}x = \dfrac{2}{3}$; $\dfrac{5}{7}x = -\dfrac{10}{3}$; $-\dfrac{15}{30} = -\dfrac{7}{5}x$; $\dfrac{-21}{4} = \dfrac{28}{5}x$; $\dfrac{45}{7} = \dfrac{-27}{4}x$

b) $-\dfrac{4x}{63} = \dfrac{-3}{35}$; $-\dfrac{4}{33} = \dfrac{x}{22}$; $-\dfrac{16}{48} = -\dfrac{x}{3}$; $\dfrac{9x}{18} = -\dfrac{28}{35}$; $\dfrac{42}{63} = \dfrac{15}{45}x$

67

123 Nas equações seguintes em cada membro os termos são semelhantes. Reduzir a expressão em cada membro e determinar a raiz da equação, nos casos:

a) $5x - 2x = -7 + 1$	$4x - x = 15 + 6$	$-3x - 2x = 15 + 10$	$-5 + 47 = 2x - 9x$
$3x = -6$			
$x = -3$			

| b) $1 - 22 = -3x - 4x$ | $8 - 40 = 5x + 3x$ | $8x - 10x = 7 - 11$ | $-32 + 4 = 2x + 5x$ |

| c) $2x + 6x = -1 + 13$ | $4x - 13x = 7 - 1$ | $4 - 49 = 3x - 30x$ | $20 - 44 = 20x + 12x$ |

| d) $3x - 2x + 7x = -1 + 5 - 10$ | | $-2 - 7 - 3 + 32 = x + 2x + 5x - 24x$ | |

124 Transformando a equação dada em uma equivalente, de modo que os termos com variáveis fiquem no primeiro membro e os outros no segundo membro, reduzir a expressão em cada membro e determinar a raiz, nos casos:

| a) $9x - 7 = 4x + 23$ | $5x - 8 = 8x - 20$ | $-3x - 11 = x + 9$ |

| b) $-9x - 8 = 8 - 5x$ | $17 - 21x = 4x + 67$ | $2 + 13x = 20x + 30$ |

| c) $4x - 11 = 7x + 4$ | $-7x - 20 = 13x + 5$ | $5x - 13 = 17x + 5$ |

68

125 Fazendo mentalmente a primeira passagem mostrada no item a, determinar a raiz da equação, nos casos:

a) $2x - 5 = 9 - 5x$
$\boxed{2x + 5x = 5 + 9}$ (pular esta)
$7x = 14 \Rightarrow \boxed{x = 2}$

$5x - 8 = 2x + 7$

$8x + 9 = 11x - 6$

b) $20x - 12 = 13 - 33$

$-3x - 9 = 5x + 15$

$7x - 5 = 13x + 19$

c) $-4x - 9 = 2x - 5$

$7x - 12 = 18 - 17x$

$2x - 9 = 5 + 30x$

c) $8x + 6 = 2x - 2$

$-4x - 9 = 12x + 3$

$-12 + 7x = -3 + x$

126 Reduzindo primeiramente os termos semelhantes em cada membro, como está feito no item a, determinar a raiz da equação, nos casos:

a) $3x - 4 - 5x + 2 - 3 = x + 8 + 8x + 9$
$-2x - 5 = 9x + 17$
$-11x = 22 \Rightarrow x = -2$

b) $x + 2x + 9 - 16x = -x - 8x - 1 + 26$

c) $2x - 4 + 13 - 15x = 7 + 14 + 6x - x$

d) $4 - 3x - 25 + 10x = 3 + 17x + 15x - 9$

e) $x + 2x - 12 - 6 + x = 2 - x + 8 - 2x$

f) $-13x + 8 - 14x + 32 = 10 - 4x + x - 18$

g) $7x - 20 - 10x + 3 = 15x - 10 - 3x + 3$

h) $7x - 18 - 11x + 6 = 27 + 11x - x + 7$

Resp: **119** a) 4; 11; −9; 2; −9   b) 3; 12; 3; −3; −12   **120** a) 5; −5; −2; 3; −7   b) −8; 7; −6; −9; −9   c) −2; 7; −8; −5; 5
d) −6; −21; 10; 14; −40   e) 30; −42; −45; 7; 0   **121** a) $\frac{2}{3}$; $-\frac{1}{3}$; $\frac{1}{2}$; $-\frac{3}{4}$; $-\frac{5}{3}$;   b) $-\frac{5}{6}$; $\frac{3}{5}$; $-\frac{2}{3}$; $-\frac{9}{11}$; $\frac{6}{7}$;
c) $\frac{2}{3}$; $-\frac{7}{9}$; $-\frac{5}{4}$; $\frac{5}{9}$; $-\frac{4}{9}$;   **122** a) $\frac{4}{9}$; $-\frac{14}{3}$; $\frac{5}{14}$; $-\frac{15}{16}$; $-\frac{20}{21}$;   b) $\frac{27}{20}$; $-\frac{2}{3}$; 1; $-\frac{8}{5}$; 2

127 Dado o conjunto universo ∪, resolver a equação nos casos:

Obs.: Quando o conjunto universo não for dado, considerar ∪ = Q = conjunto dos racionais

a) $3x - 7 = 5x - 13$, ∪ = N

b) $5x - 2 - 7 = 7x + x + 12$, ∪ = N

c) $5x + 7 + 8 = x + 3 - 4x - 4$, ∪ = ℤ

d) $3x - 5 - 2 = 8 - 3x - 7$, ∪ = ℤ

e) $2x - 3 - 9 - x = 7x + 6$, ∪ = Q

f) $4x - x + 1 + 2 = -7x - 5 - 17$, ∪ = Q

128 Resolver as seguintes equações:

a) $2x^2 - 3x + 7 - 8x^2 - 9x - 12 = 6x^2 - 4x - 1 - 3x^2 - 9x - 2 - 9x^2 - x + 16$

b) $2(3x - 1) - 2(x + 3)(x - 3) - 4(2x - 1)^2 = 5x - (5x - 1)(2x + 3) - 8x^2 - 21$

c) $3(3x - 2)^2 - 2(3x + 5)(3x - 5) = (2x + 3)^2 + 2(3x - 5)(2x - 1) - 7x(x + 3)$

129 Resolver as seguintes equações:

a) $2(2x - 5)^2 - 2(2x - 3)(3x + 5) - 2(4 - 3x)(4 + 3x) = 7x(2x - 3) + 13$

b) $2x(3x - 5)(4x + 3) - 3(2x - 5)(4x^2 + 10x + 25) = -45(x - 7) - 22x^2$

c) $-3(x + 3)(x - 5) - 2(3x - 2)(5x + 1) = -5(x - 2)(x - 7) - 14x(2x - 1) + 41$

d) $(x + 4)(x - 7) - 2(3x - 1)^2 + 3(3x - 8)(x + 5) = -4(2x - 5)(x + 10) - 170$

Resp: **123** a) $-3; 7; -5; -6$ b) $3; -4; 2; -4$ c) $\frac{3}{2}; -\frac{2}{3}; \frac{9}{3}; -\frac{3}{4}$ d) $-\frac{3}{4}; -\frac{5}{4}$ **124** a) $6; 4; -5;$ b) $-4; -2; -4$

c) $-5; -\frac{5}{4}; -\frac{3}{2}$ **125** a) $2; 5; 5$ b) $-3; -3 - 4$ c) $-\frac{2}{3}; \frac{5}{4}; -\frac{1}{2}$ d) $-\frac{4}{3}; -\frac{3}{4}; \frac{3}{2}$

126 a) -2 b) 4 c) $-\frac{2}{3}$ d) $-\frac{3}{5}$ e) 4 f) 2 g) $-\frac{2}{3}$ h) -4

71

Recíproca da propriedade de simplificação para a multiplicação

Sabemos que ac = bc, c ≠ 0 ⇒ a = b. Vamos provar que se c ≠ 0, então a = b ⇒ ac = bc.

Vamos multiplicar ambos os membros de a = b por $c \cdot \frac{1}{c} = 1$, e usando a propriedade de simplicação para a multilplicação, eliminamos o fator $\frac{1}{c}$.

Verificar:

a = b, c ≠ 0 ⇒ $a \cdot c \cdot \frac{1}{c} = b \cdot c \cdot \frac{1}{c}$ ⇒ ac = bc. Então: $\boxed{a = b \Rightarrow ac = bc}$

Esta propriedade é usada para eliminarmos os denominadores em equação.

Verificar o exemplo:

$\frac{2x}{3} - \frac{3x}{4} = \frac{x}{6} + 2$. Vamos multiplicar ambos os membros por 12, que é o **m m c** de 3, 4 e 6.

Verifique:

$12\left(\frac{2x}{3} - \frac{3x}{4}\right) = 12\left(\frac{x}{6} + 2\right) \Rightarrow 8x - 9x = 2x + 24 \Rightarrow -3x = 24 \Rightarrow \boxed{x = -8}$.

Aplicar esta propriedade é equivalente a dividir o m m c dos denominadores pelo denominador de cada fração e multiplicar o quociente obtido pelo correspondente numerador.

Quando o número for inteiro considerar denominador 1. Verifique:

$\frac{2x}{3} - \frac{3x}{4} = \frac{x}{6} + \frac{2}{1}$

m m m c = 12

(12 : 3)2x − (12 : 4)3x = (12 : 6)x + (12 : 1) · 2. Esta passagem deve ser feita mentalmente.

(4)2x − (3)3x = (2)x + (12) · 2. Esta passagem deve ser feita mentalmente.

8x − 9x = 2x + 24 ⇒ −3x = 24 ⇒ $\boxed{x = -8}$

130 Fazendo mentalmente as duas primeiras passagens do exemplo, determinar a raiz da equação, nos casos:

a) $\frac{3x}{4} + 3 + \frac{x}{6} = \frac{3x}{2} - \frac{x}{3}$

b) $\frac{2x}{3} - \frac{3}{2} - \frac{x}{9} = \frac{5x}{6} - \frac{5}{3} + \frac{5}{9}$

c) $\frac{3}{8} + \frac{5x}{3} - \frac{5}{12} = \frac{5x}{6} - \frac{3}{4}$

d) $\frac{3x}{4} - \frac{1}{6} + \frac{x}{3} = \frac{5x}{6} + \frac{x}{2} - \frac{7}{6}$

Exemplo: $\dfrac{5x}{6} - \dfrac{13}{2} - \dfrac{x-2}{4} = \dfrac{x}{3} - \dfrac{2x-3}{2}$

Há dois numeradores que são binômios, o (x – 2) e o (2x – 3).

Sentindo-se seguro, pule a 1ª passagem. Muita atenção com o sinal (–) antes dessas frações.

m m c = 12

$2(5x) - 6(13) - 3(x-2) = 4x - 6(2x-3) \Rightarrow$

$10x - 78 - 3x + 6 = 4x - 12x + 18 \Rightarrow$

$7x - 72 = -8x + 18 \Rightarrow 15x = 90 \Rightarrow x = 6 \Rightarrow S = \{6\}$

131 Resolver as seguintes equações:

a) $\dfrac{2x}{3} - \dfrac{2x+3}{6} = \dfrac{11}{12} - \dfrac{x+1}{4}$

b) $\dfrac{2x}{3} - \dfrac{3x-4}{2} = \dfrac{5x}{4} - \dfrac{1}{2}$

c) $\dfrac{11}{2} - \dfrac{2x+1}{5} = \dfrac{x}{2} - \dfrac{x-4}{3}$

d) $\dfrac{3x}{2} - \dfrac{x+2}{9} = \dfrac{x}{6} - \dfrac{2x-4}{3}$

e) $\dfrac{3x}{5} - \dfrac{2x-3}{4} = \dfrac{3x}{10} - \dfrac{2x-3}{2}$

f) $\dfrac{3x}{8} + \dfrac{5x-7}{12} = \dfrac{5}{6} - \dfrac{3-2x}{4}$

Resp: **127** a) V = {3}   b) V = ∅   c) S = {–2}   d) S = ∅   e) S = {–3}   f) V = $\left\{-\dfrac{5}{2}\right\}$ **128** a) V = {9}   b) V = {–1}   c) V = {43}

129 a) V = $\left\{\dfrac{5}{3}\right\}$ b) S = {–4}   c) V = {2}   d) S = {2}

Propriedade: "O produto dos extremos é igual ao produto dos meios"

Dada a igualdade $\frac{a}{b} = \frac{c}{d}$, multiplicando ambos os membros por bd, obtemos:

$\frac{a}{b} = \frac{c}{d} \Rightarrow \frac{a}{b} \cdot bd \Rightarrow \frac{c}{d} \cdot bd \Rightarrow \frac{b}{b}(ad) = \frac{d}{d}(bc) \Rightarrow ad = bc$.

Então: $\boxed{\frac{a}{b} = \frac{c}{d} \Rightarrow ad = bc}$

Usando esta propriedade, transformamos em equações equivalentes do 1º grau, equações que não são do 1º grau.

Exemplo: $\frac{2x-1}{3x+7} = \frac{3}{5} \Rightarrow 5(2x-1) = 3(3x+7) \Rightarrow 10x - 5 = 9x + 21 \Rightarrow \boxed{x = 26}$

132 Resolver as seguintes equações:

a) $\frac{3x-4}{x+2} = \frac{7}{2}$

b) $\frac{2}{3x+5} = \frac{3}{2x-5}$

c) $\frac{7}{3} = \frac{8-x}{4-x}$

d) $\frac{2x-1}{3x+8} = \frac{6x-5}{9x+2}$

e) $\frac{4x-3}{5-6x} = \frac{2x-1}{5-3x}$

f) $\frac{4x-1}{8x+2} = \frac{2x-7}{4x+1}$

g) $\frac{5-6x}{3x-1} = \frac{3-8x}{4x-3}$

74

133 Usando a propriedade $a \cdot b = 0 \iff a = 0$ ou $b = 0$, resolver as seguintes equações:

Observar o item a

a) $(2x-1)(3x-15)=0$
 $2x-1=0$ ou $3x-15=0$
 $x = \dfrac{1}{2}$ ou $x=5$
 $V = \left\{\dfrac{1}{2}; 5\right\}$

b) $173(3x-2)(4x+8)=0$

c) $191x(4-5x)(x+3)^2 = 0$

d) $7(3x+1)^3(4-2x)(6+5x)^4 = 0$

134 Lembre-se de que qualquer número real com expoente par é maior ou igual a zero. Resolver a equação dada.

$[(2x+4)(5x-15)]^4 + [(12+4x)(-8-4x)]^6 = 0$

---

esp: **130** a) 12   b) $-\dfrac{7}{5}$ c) $-\dfrac{17}{20}$ d) 4   **131** a) $V=\{2\}$ b) $V=\left\{\dfrac{6}{5}\right\}$ c) $V=\{7\}$ d) $S=\left\{\dfrac{14}{17}\right\}$

e) $S=\left\{\dfrac{15}{16}\right\}$ f) $V=\left\{\dfrac{16}{7}\right\}$ **132** a) $S=\{-22\}$ b) $S=\{-5\}$ c) $S=\{1\}$ d$=\{1\}$

e) $V=\left\{\dfrac{10}{13}\right\}$ f) $V=\left\{-\dfrac{1}{4}\right\}$ g) $S=\left\{\dfrac{4}{7}\right\}$ **133** a) $V=\left\{\dfrac{1}{2};5\right\}$ b) $V=\left\{-2;\dfrac{2}{3}\right\}$ c) $V=\left\{-3;0;\dfrac{4}{5}\right\}$

d) $S=\left\{-\dfrac{6}{5}; -\dfrac{1}{3}; 2\right\}$ **134** $V=\{-2\}$

VIII SISTEMAS DO 1º GRAU (Revisão e complementos)

Exemplos de sistemas de duas equações do 1º grau com duas variáveis, que são **impossíveis**.
(As duas equações são contraditórias)

1) $\begin{cases} x+y=7 \\ x+y=8 \end{cases}$
2) $\begin{cases} 2x-3y=5 \\ 2x-3y=-2 \end{cases}$
3) $\begin{cases} 6x-8y=10 \\ 3x-4y=2 \end{cases}$

Para cada um desses exemplos, cada uma das equações tem infinitas soluções, mas não existe par ordenado que seja, simultaneamente, solução de ambas.

No plano cartesiano o gráfico de uma equação do 1º grau com duas variáveis é uma reta. Neste caso as retas são paralelas distintas.

Exemplos de sistemas de duas equações do 1º grau com duas variáveis, que são **possíveis indeterminados**.
(As duas equações são iguais ou são redutíveis a uma mesma equação).

1) $\begin{cases} x+y=7 \\ x+y=7 \end{cases}$
2) $\begin{cases} 4x-2y=4 \\ 2x-y=2 \end{cases}$
3) $\begin{cases} 4x-2y=4 \\ 6x-3y=6 \end{cases}$

Para cada um desses exemplos, cada uma das equações tem infinitas soluções e todas esses pares ordenados serão também soluções da outra equação pois ela é igual ou redutível à anterior.

Neste caso, no plano cartesiano, as retas são coincidentes.

Exemplos de sistemas de duas equações do 1º grau com duas variáveis, que são **possíveis determinados**.
(As duas equações não se encaixam em nenhum dos dois casos anteriores).

1) $\begin{cases} x+y=7 \\ x+2y=8 \end{cases}$
2) $\begin{cases} 2x+y=7 \\ 3x-y=3 \end{cases}$
3) $\begin{cases} 4x+3y=6 \\ 3x-y=11 \end{cases}$

Para cada um desses exemplos, cada equação tem infinitas soluções e existe um único par ordenado que é simultaneamente solução de ambas. No primeiro exemplo é (6, 1), no segundo (2,3) e no terceiro (3, − 2).

Neste caso, no plano cartesiano, as retas são concorrentes.

Método da adição

Transformamos o sistema dado em um sistema equivalente de modo que os coeficientes de uma variável sejam opostos nas equações obtidas.
Então somamos as equações, membro a membro, eliminando a variável de coeficientes opostos. Determinamos a outra variável e substituindo este valor em uma das equações, determinamos o valor da outra variável.

Exemplos:

1) $\begin{cases} 2x+3y=11 \\ x-3y=1 \end{cases}$
$\overline{3x+0y=12}$
$3x=12$
$\boxed{x=4}$

Então, obtemos os seguintes sistemas equivalentes ao original:

$\begin{cases} 2x+3y=11 \\ x=4 \end{cases}$ e $\begin{cases} x-3y=1 \\ x=4 \end{cases}$

Substituindo, **x** por 4 em qualquer uma das outras equações, obtemos **y** e a solução do sistema:

$2(4)+3y=11 \Rightarrow 3y=3 \Rightarrow y=1 \Rightarrow S=\{(4,1)\}$

2) $\begin{cases} 2x - y = 12 \\ 3x - 2y = 19 \end{cases}$

Multiplicamos a 1ª por (− 2):

$\begin{cases} -4x + 2y = -24 \\ 3x - 2y = 19 \end{cases}$

$-x = -5 \Rightarrow \boxed{x = 5}$

$x = 5$ e $2x - y = 12 \Rightarrow$

$2(5) - y = 12 \Rightarrow -y = 2 \Rightarrow y = -2$

$x = 5, y = -2 \Rightarrow S = \{(5, -2)\}$

3) $\begin{cases} 5x - 2y = -24 \quad (3) \\ 4x + 3y = 13 \quad (2) \end{cases}$

$\begin{cases} 15x - 6y = -72 \\ 8x + 6y = 26 \end{cases}$

$23x = -46 \Rightarrow \boxed{x = -2}$

$x = -2$ e $4x + 3y = 13 \Rightarrow$

$4(-2) + 3y = 13 \Rightarrow 3y = 21 \Rightarrow \boxed{y = 7}$

$x = -2, y = 7 \Rightarrow S = \{(-2, 7)\}$

---

135 Resolver, pelo método da adição, os seguintes sistemas:

a) $\begin{cases} 2x + y = 7 \\ 3x - y = 3 \end{cases}$

b) $\begin{cases} 5x + 2y = 5 \\ -5x + 3y = 15 \end{cases}$

c) $\begin{cases} 3x - 2y = -13 \\ 4x + y = -10 \end{cases}$

d) $\begin{cases} 5x - y = 21 \\ 2x + 3y = 5 \end{cases}$

e) $\begin{cases} 5x - 7y = 15 \\ -x + 8y = -3 \end{cases}$

f) $\begin{cases} 2x - 5y = -19 \\ 7x - y = -17 \end{cases}$

136 Resolver, pelo método da adição, os seguintes sistemas:

a) $\begin{cases} 17x - 34y = 51 \\ x + 2y = 7 \end{cases}$

b) $\begin{cases} 15x - 5y = 50 \\ 14x - 7y = 42 \end{cases}$

c) $\begin{cases} 5x + 3y = 5 \\ 7x - 2y = 38 \end{cases}$

d) $\begin{cases} 7x - 2y = -25 \\ 4x - 3y = -18 \end{cases}$

e) $\begin{cases} 3x + 7y = 16 \\ -4x + 13y = 1 \end{cases}$

f) $\begin{cases} 2x + 7y = 1 \\ 3x + 11y = 1 \end{cases}$

g) $\begin{cases} 7x - 5y = 14 \\ 9x + 3y = 18 \end{cases}$

h) $\begin{cases} 28x - 42y = 0 \\ 51x - 34y = 85 \end{cases}$

Método da substituição

Escolhemos convenientemente uma das equações para determinarmos uma variável em função da outra (isolamos uma variável), substituímos esta variável da outra equação pela expressão encontrada, obtendo uma equação com uma única variável, determinamos esta variável e em seguida substituímos o valor encontrado em uma das equações anteriores, de preferência na que tem uma variável isolada, para determinar o valor desta outra.

Exemplos:

1) $\begin{cases} 2x - y = 5 \\ 5x + 3y = 29 \end{cases}$

1°) É conveniente determinar **y** em função de **x** na 1ª equação.

$2x - y = 5 \Rightarrow -y = -2x + 5 \Rightarrow \boxed{y = 2x - 5}$

2°) Vamos substituir na 2ª equação:

$5x + 3(2x - 5) = 29 \Rightarrow$

$5x + 6x - 15 = 29 \Rightarrow 11x = 44 \Rightarrow \boxed{x = 4}$

3°) $y = 2x - 5$ e $x = 4 \Rightarrow y = 2(4) - 5 \Rightarrow \boxed{y = 3}$

$x = 4$ e $y = 3 \Rightarrow S = \{(4, 3)\}$

2) $\begin{cases} 2x - 5y = 20 \\ 7x + 4y = 27 \end{cases}$

1°) $2x - 5y = 20 \Rightarrow 2x = 5y + 20 \Rightarrow \boxed{x = \dfrac{5x + 20}{2}}$

2°) Substituímos na 2ª equação

$7\left(\dfrac{5y + 20}{2}\right) + 4y = 27 \Rightarrow$

$35y + 140 + 8y = 54 \Rightarrow$

$\Rightarrow 43y = -86 \Rightarrow \boxed{y = -2}$

3°) $x = \dfrac{5y + 20}{2}$ e $y = -2 \Rightarrow$

$x = \dfrac{5(-2) + 20}{2} \Rightarrow x = \dfrac{10}{2} \Rightarrow \boxed{x = 5}$

$x = 5$ e $y = -2 \Rightarrow S = \{(5, -2)\}$

137 Resolver, pelo método da substituição, os seguintes sistemas:

a) $\begin{cases} y = 3x - 15 \\ 2x - 3y = 17 \end{cases}$

b) $\begin{cases} 3x + 5y = 25 \\ x = 2y + 1 \end{cases}$

c) $\begin{cases} 3x - 20 = y \\ 3y - 2x = -11 \end{cases}$

d) $\begin{cases} 5x + 3y = -9 \\ 4y - 11 = x \end{cases}$

138 Resolver, pelo método da substituição, os seguintes sistemas:

a) $\begin{cases} 3x + y = 4 \\ 2x - 3y = 21 \end{cases}$

b) $\begin{cases} x + 5y = -3 \\ 3x - 7y = -9 \end{cases}$

c) $\begin{cases} 5x + 2y = 27 \\ 4x - 9y = 64 \end{cases}$

d) $\begin{cases} 3x - 4y = -1 \\ 5x + 6y = 11 \end{cases}$

e) $\begin{cases} 5x - 4y = 18 \\ 2x + 5y = -6 \end{cases}$

f) $\begin{cases} 6x - 5y = 3 \\ 4x - 3y = 3 \end{cases}$

Resp: **135** a) {(2, 3)}   b) $\left\{\left(-\frac{3}{5}, 4\right)\right\}$ c) {(−3, 2)}   d) {(4, −1)}   e) {(3, 0)}   f) {(−2, 3)}

136 a) {(5, 1)}   b) {(4, 2)}   c) {(4, −5)}   d) {(−3, 2)}   e) {(3, 1)}   f) {(4, −1)}   g) {(2, 0)}   h) {(3, 2)}

Método da comparação

Isolamos a mesma incógnita nas duas equações, igualamos os resultados obtidos, determinando uma equação com uma única variável. Determinamos o valor desta variável e em seguida o valor da outra.

Exemplo:

$$\begin{cases} 2x + 5y = -7 \\ 3x - 4y = 24 \end{cases} \Rightarrow \begin{cases} 2x = -5y - 7 \\ 3x = 4y + 24 \end{cases} \Rightarrow \begin{cases} x = \dfrac{-5y - 7}{2} \\ x = \dfrac{4y + 24}{3} \end{cases} \Rightarrow \dfrac{-5y - 7}{2} = \dfrac{4y + 24}{3} \Rightarrow$$

$$\Rightarrow -15y - 21 = 8y + 48 \Rightarrow 23y = -69 \Rightarrow \boxed{y = -3} \Rightarrow x = \dfrac{4(-3) + 24}{3} \Rightarrow \boxed{x = 4} \Rightarrow S = \{(4, -3)\}$$

139 Resolver, pelo método da comparação, os seguintes sistemas:

a) $\begin{cases} 3x - 7y = 22 \\ 2x + 9y = 1 \end{cases}$

b) $\begin{cases} 5x - 2y = -1 \\ 7x + 4y = -15 \end{cases}$

c) $\begin{cases} x = \dfrac{2y + 2}{3} \\ 5x - 7y = -4 \end{cases}$

d) $\begin{cases} 4x + 3y = 3 \\ y = \dfrac{4 - 2x}{2} \end{cases}$

140 Resolver, pelo método que achar mais conveniente, os seguintes sistemas:

a) $\begin{cases} 3x + 7y = 50 \\ 2x - 7y = -25 \end{cases}$

b) $\begin{cases} y = 5x + 10 \\ 3x - 7y = -6 \end{cases}$

c) $\begin{cases} 8x + 3y = -9 \\ x = 12 - 3y \end{cases}$

d) $\begin{cases} x = 3y - 15 \\ x = 6 - 4y \end{cases}$

e) $\begin{cases} 2x - 3y = 3 \\ 5y - 2x = -9 \end{cases}$

f) $\begin{cases} y = \dfrac{2x + 8}{2} \\ y = \dfrac{5x + 2}{3} \end{cases}$

Resp: **137** a){(4, – 3)} b) {(5, 2)} c) {(7, 1)} d) {(– 3, 2)}   **138** a){(3, – 5)} b) {(– 3, 0)} c) {(7, – 4)}
d) {(1, 1)} e) {(2, – 2)} f) {(3, 3)}

83

141 Resolver os seguintes sistemas:

a) $\begin{cases} \dfrac{x}{3} = \dfrac{y}{2} \\ 4x - 3y = 18 \end{cases}$

b) $\begin{cases} \dfrac{3x}{4} = \dfrac{2y}{3} \\ 3x - 2y = 12 \end{cases}$

c) $\begin{cases} \dfrac{3x}{2} - \dfrac{5y}{4} = -\dfrac{17}{4} \\ 4x + y = 6 \end{cases}$

d) $\begin{cases} \dfrac{3x}{2} - \dfrac{y}{3} = 1 \\ \dfrac{2x}{3} - \dfrac{y}{6} = 2 \end{cases}$

e) $\begin{cases} 2(3x - y) - 2(2x + y) + 20 = 3 - y \\ 3(2x - 1) - 2(x - y) + x + 17 = 0 \end{cases}$

f) $\begin{cases} 3(2x - y) = 2(y - 1) + 3(x - 1) + 1 \\ 5(x - y) - 8x = 2(y - x) - 3\left(x - \dfrac{1}{3}\right) \end{cases}$

142 Resolver os seguintes sistemas:

a) $\begin{cases} \dfrac{x-2y}{6} - \dfrac{2x-y}{3} = \dfrac{x}{2} - \dfrac{3x+2y}{4} \\ \dfrac{x+y}{3} - \dfrac{5x-y}{9} = \dfrac{2y-3x+8}{2} \end{cases}$

b) $\begin{cases} \dfrac{x-y}{3} + \dfrac{2y+x}{4} = \dfrac{2x+y}{9} - 2 \\ \dfrac{y-2x}{3} - \dfrac{x-y+1}{4} = \dfrac{5y-3x+9}{6} \end{cases}$

c) $\dfrac{2x-y}{6} - \dfrac{2x+y}{4} - \dfrac{3y-2x-6}{2} = \dfrac{x+y}{3} - x - y = \dfrac{2y-x}{9} - \dfrac{3x-1}{2} - \dfrac{x+y}{3}$

Resp: **139** a) {(5, −1)}   b) {(−1, −2)}   c) {(2, 2)}   d) {(−3), 5)}   **140** a) {(5, 5)}   b) {(−2, 0)}   c) {(−3, 5)}
d) {(−6, 3)}   e) {(−3, −3)}   f) {(5, 9)}

85

143 Resolver os seguintes sistemas:

Obs: Este tipo de sistema não é do 1º grau.

a) $\begin{cases} \dfrac{6}{x} - \dfrac{1}{y} = 1 \\ \dfrac{2}{x} - \dfrac{3}{y} = -1 \end{cases}$

b) $\begin{cases} \dfrac{3}{x} + \dfrac{5}{2y} = \dfrac{1}{8} \\ \dfrac{3}{2x} - \dfrac{1}{3y} = -\dfrac{1}{3} \end{cases}$

c) $\begin{cases} \dfrac{7}{3x+2} + \dfrac{5}{2y-1} = -\dfrac{3}{4} \\ \dfrac{1}{3x+2} + \dfrac{5}{2y-1} = \dfrac{3}{4} \end{cases}$

d) $\begin{cases} \dfrac{8}{2x+y} - \dfrac{5}{x-y} = -4 \\ \dfrac{4}{2x+y} + \dfrac{1}{x-y} = \dfrac{3}{2} \end{cases}$

144 Resolver os seguintes sistemas:

a) $\begin{cases} \dfrac{6}{2x+3y} + \dfrac{1}{2x-3y} = 1 \\ \dfrac{3}{2x+3y} - \dfrac{2}{2x-3y} = 3 \end{cases}$

b) $\begin{cases} \dfrac{x-y}{2x+y} - \dfrac{x+y+5}{6x-4y} = -\dfrac{7}{8} \\ \dfrac{2x-2y}{2x+y} + \dfrac{3x+3y+15}{3x-2y} = \dfrac{25}{4} \end{cases}$

resp: **141** a) {(9, 6)} b) {(16, 18)} c) $\left\{\left(\dfrac{1}{2}, 4\right)\right\}$ d) {(−18, 60)} e) {(−4, 3)} f) {(−3, −1)}

142 a) {(4, 2)} b) {(−6, 3)} d) {(3,6)}

145 Indicar no plano cartesiano os pontos dados nos casos:

a) A (3, 2), B (− 2, 1), C (− 3, − 1), D (2, − 2)

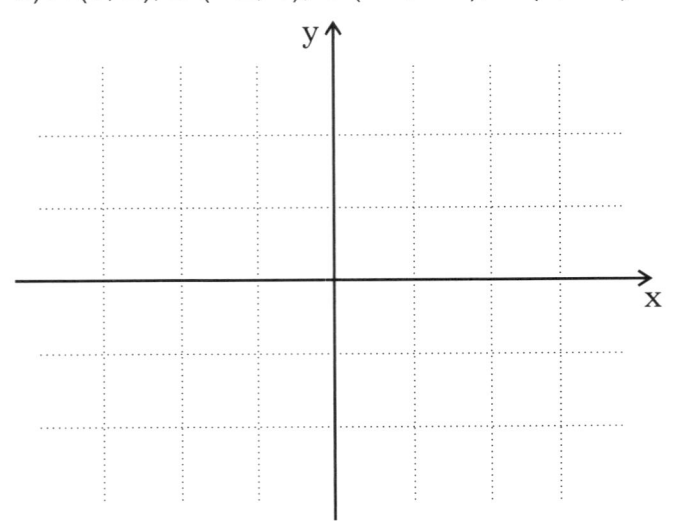

b) A (2, 1), B (− 3, 2), C (− 2, − 1), D (3, − 1)

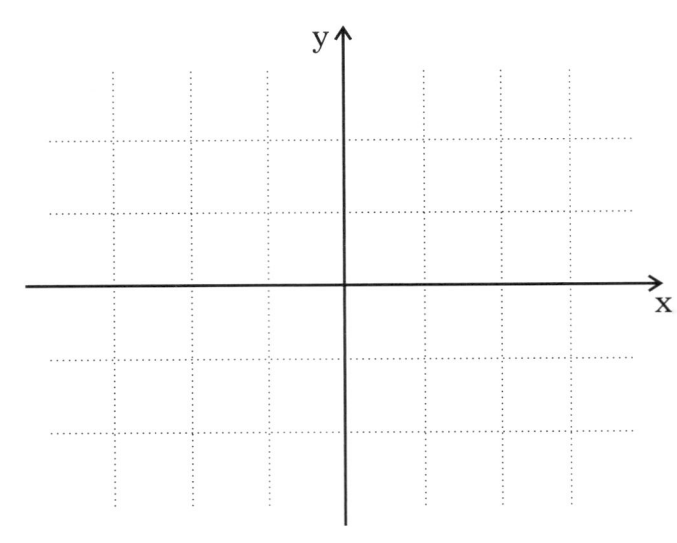

c) A (3, 0), B (0, 2), C (− 2, 0), D (0, − 2)

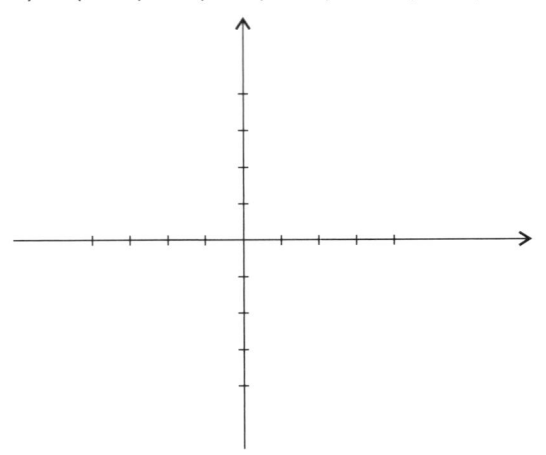

d) A (2, 0), B (0, 1), C (− 3, 0), D (0, − 1)

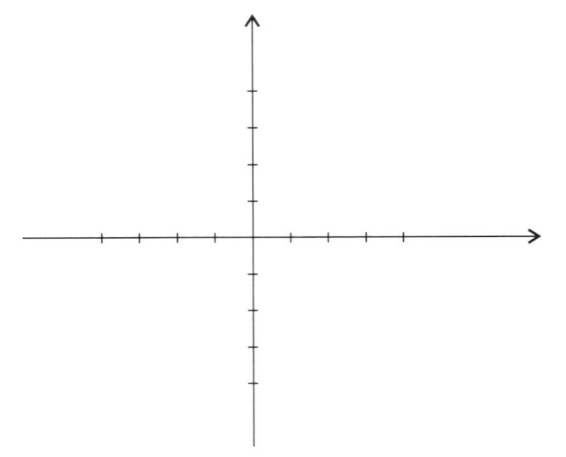

146 Traçar a reta AB no plano cartesiano, nos casos:

a) A (− 3, − 2), B (3, 1)

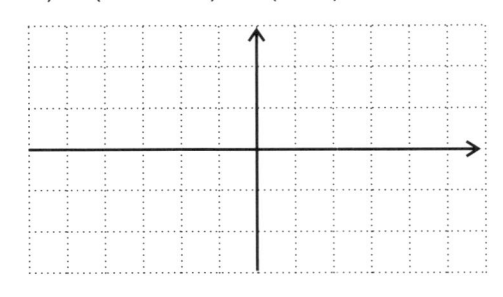

b) A (− 2, 2), B (3, − 1)

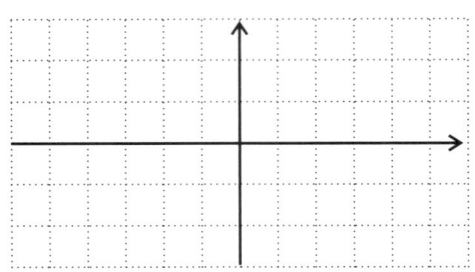

c) A (− 3, 0), B (0, 2)

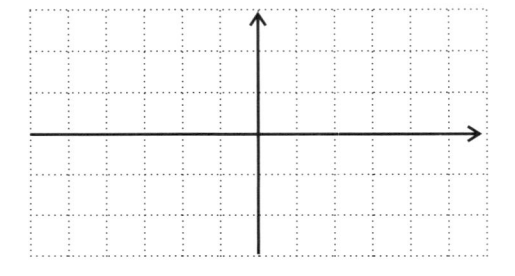

d) A (0, 2) , B (2, 0)

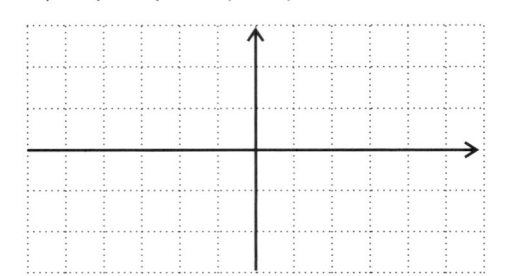

88

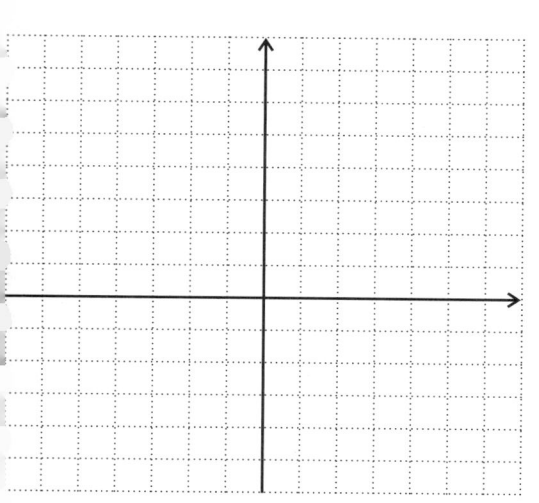

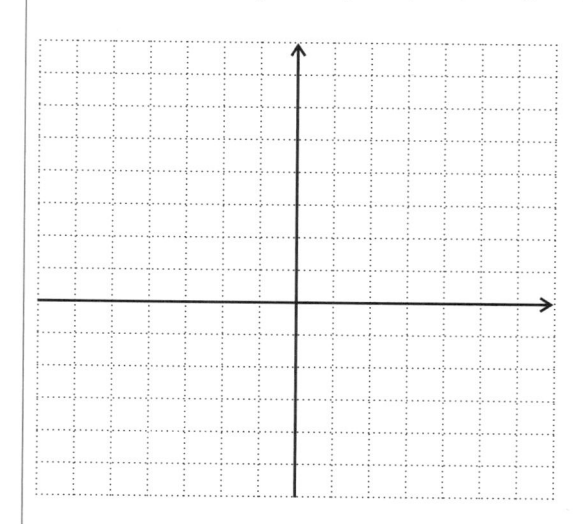

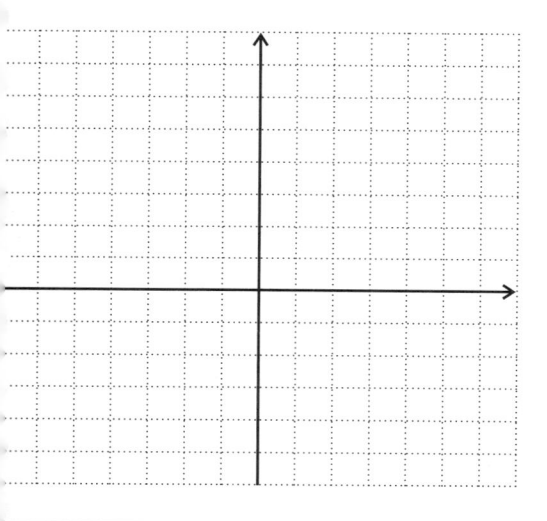

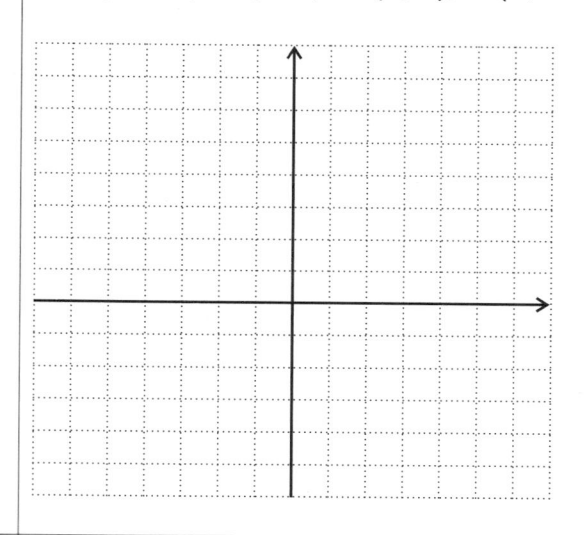

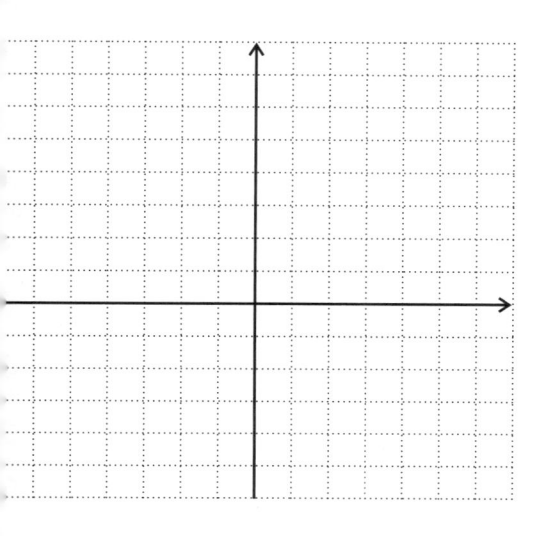

147 A reta **r** é determinada pelos pontos A e B e a reta **s** é determinada pelos pontos C e D. Determinar a intersecção das retas r e s, nos casos:

a) A (– 2, 6), B (6, – 2), C (– 4, – 1), D (4, 3)

b) A (– 6, 4), B (– 3, 3), C (– 2, – 4), D (5, 3)

c) A (– 5, – 2), B (– 4, 0), C (0, 3), D (6, 0)

d) A (– 6, 1), B (0, 5), C (0, 0), D (2, – 2)

e) A (– 3, 4), B (1, 0), C (– 4, – 3), D (6, – 3)

f) A (– 6, 0), B (2, 4), C (– 4, – 3), D (6, 2)

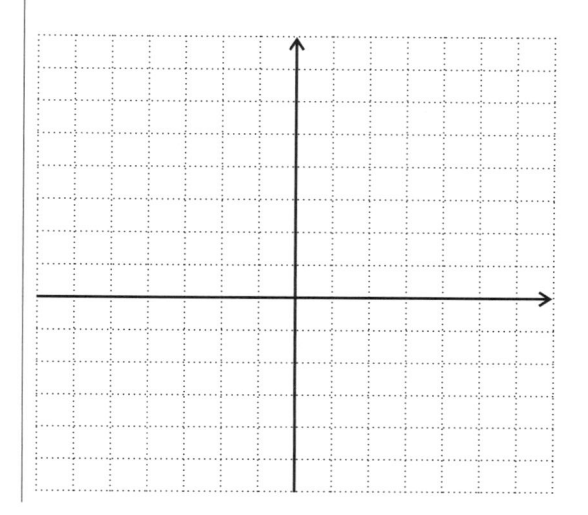

Resp: **143** a) {(4, 2)}　　b) {(– 6, 4)}　　c) {(– 2, 3)}　　d) {(3, 2)}　　**144** a) $\left\{\left(\frac{1}{2}, \frac{2}{3}\right)\right\}$　　b) {(3, 2)}

89

148 Em cada caso é dada uma equação com duas variáveis onde o **y** está dado em função de **x** (o y está isolado). Dados valores de x, completar a tabela com os valores correspondentes de y e indicar os pares (x, y) obtidos no plano cartesiano. Observar que os pontos obtidos são de uma mesma reta (são colineares).

a) y = x + 2

x	y
2	
5	
7	
−1	
−4	
−7	

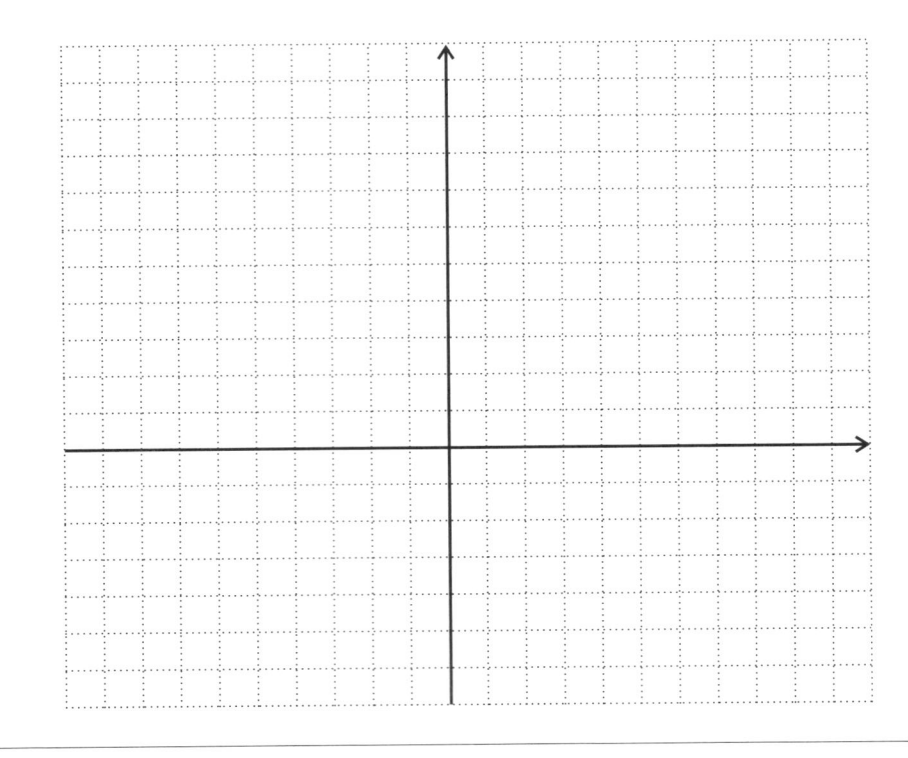

b) $y = \dfrac{x}{2} - 2$

x	y
2	
4	
8	
10	
−2	
−6	

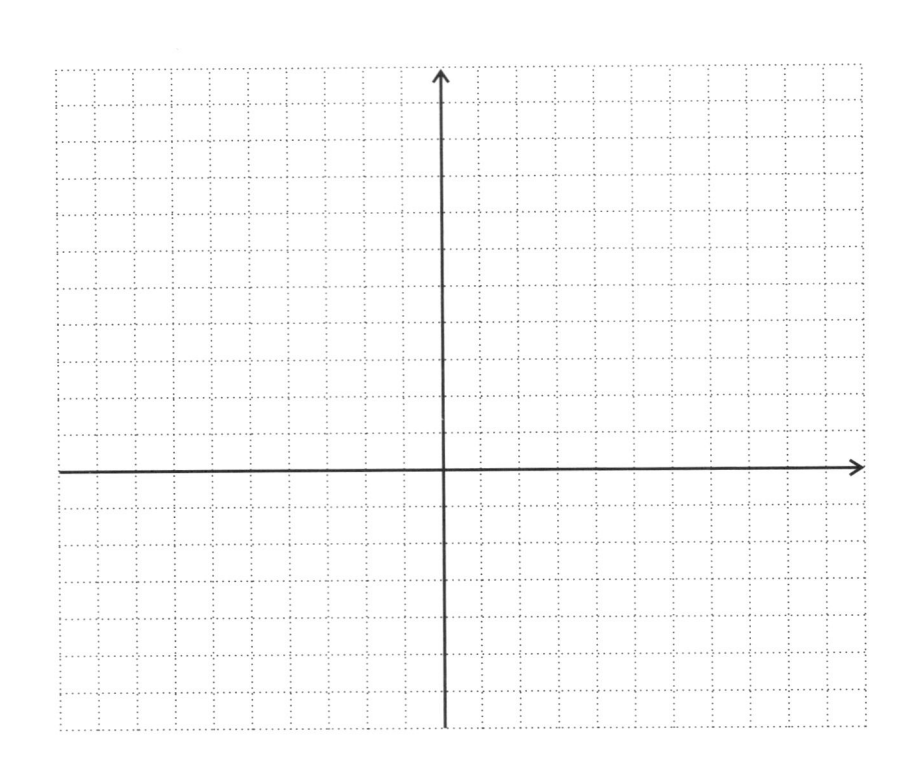

149 Os pontos que são soluções de uma equação do primeiro grau nas variáveis **x** e **y** estão todos, no plano cartesiano, em uma mesma reta. Dizemos, desta forma, que o gráfico desta relação entre essas variáveis é uma reta. Como dois pontos distintos determinam uma reta, basta determinarmos duas soluções distintas (dois pares ordenados distintos) da equação dada para construir o seu gráfico.

Completando os pares ordenados construir a reta da relação dada, nos casos:

a) $y = -x + 6$

x	y
2	
4	

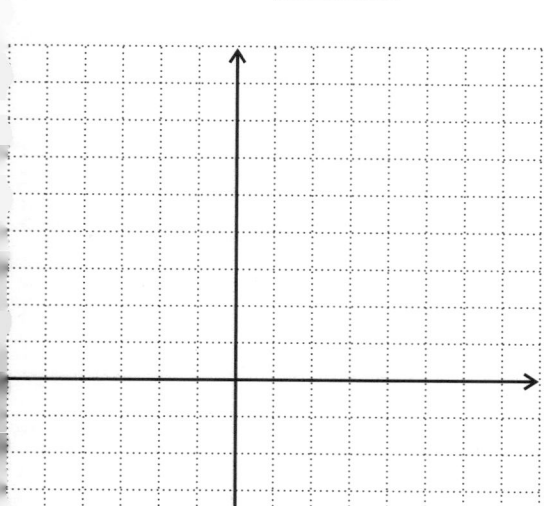

b) $y = \dfrac{2}{3}x + 2$

x	y
-3	
6	

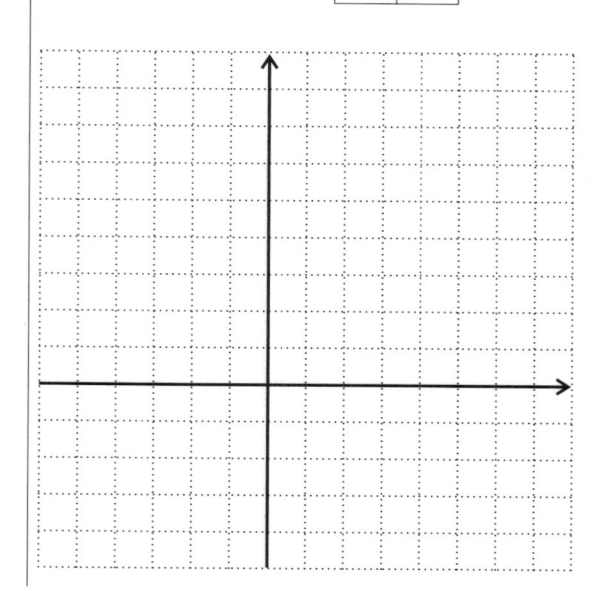

Resp: **145**
a), 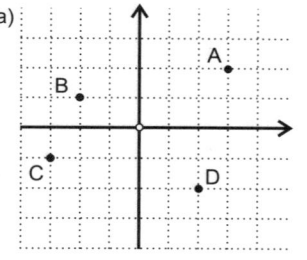 b), 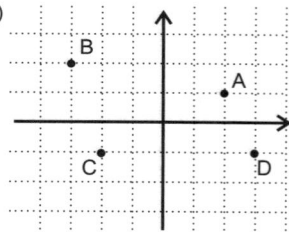 c), 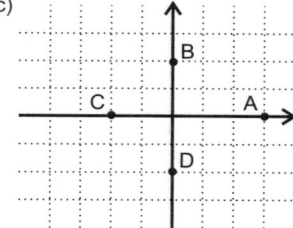 d) [gráficos com pontos A, B, C, D]

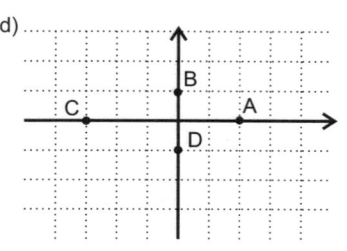

146
a), 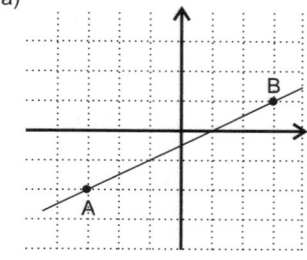 b), 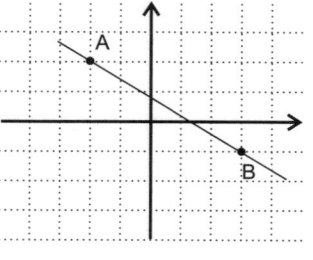 c), 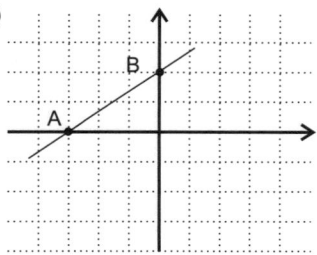 d) [gráficos de retas]

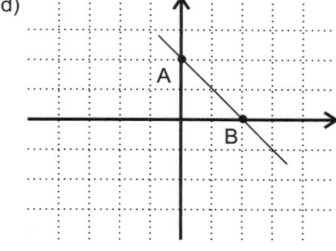

147
a) {(2, 2)}   b) {(3, 1)}
c) {(-2, 4)} d) {(-3, 3)}
e) {(4, -3)}
f) Ø (as retas são paralelas)

91

150 A expressão "a reta r é o gráfico da equação y = ax + b" pode ser dita simplesmente assim: reta r de equação y = ax + b ou ainda (r) y = ax + b.

Dadas as equações das retas r, s e t representá-las no plano cartesiano dado e determinar r ∩ s, r ∩ t e s ∩ t, nos casos:

a) (r) y = x + 5

x	y
−4	
1	

(s) y = −$\frac{1}{3}$x + 1

x	y
−6	
6	

(t) y = −$\frac{5}{3}$x + 13

x	y
6	
9	

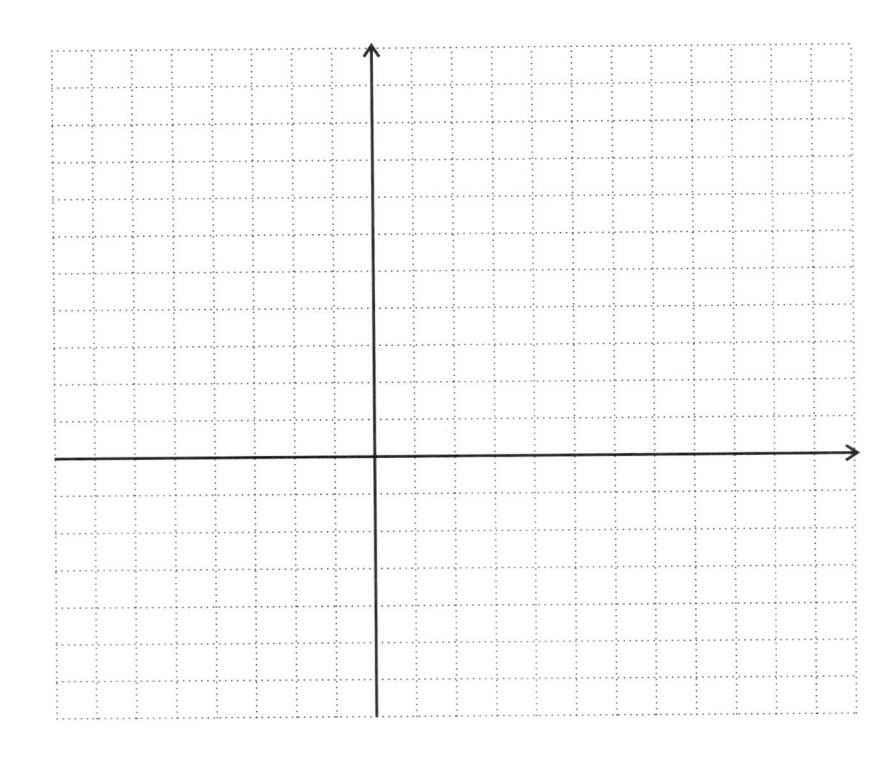

b) (r) y = $\frac{1}{2}$x + 6

x	y
−4	
4	

(s) y = $\frac{1}{2}$x + 2

x	y
−6	
8	

(t) y = −$\frac{3}{2}$x + 10

x	y
6	
8	

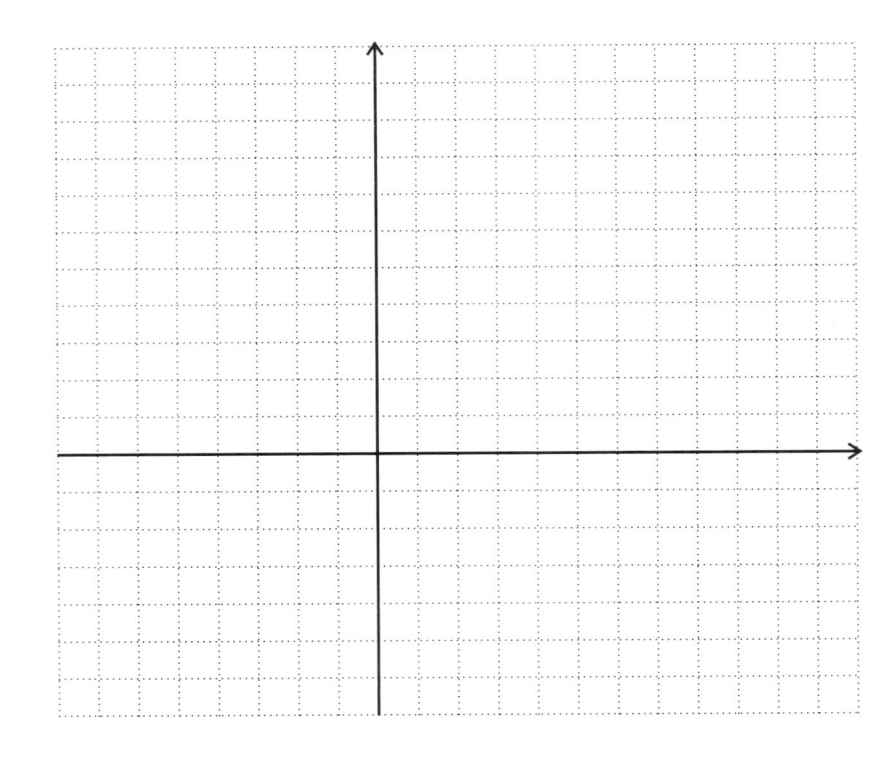

151 Resolver graficamente o sistema, nos casos:

(Completar a resolução).

a) $\begin{cases} x + 2y = 10 \\ x - y = 4 \end{cases}$

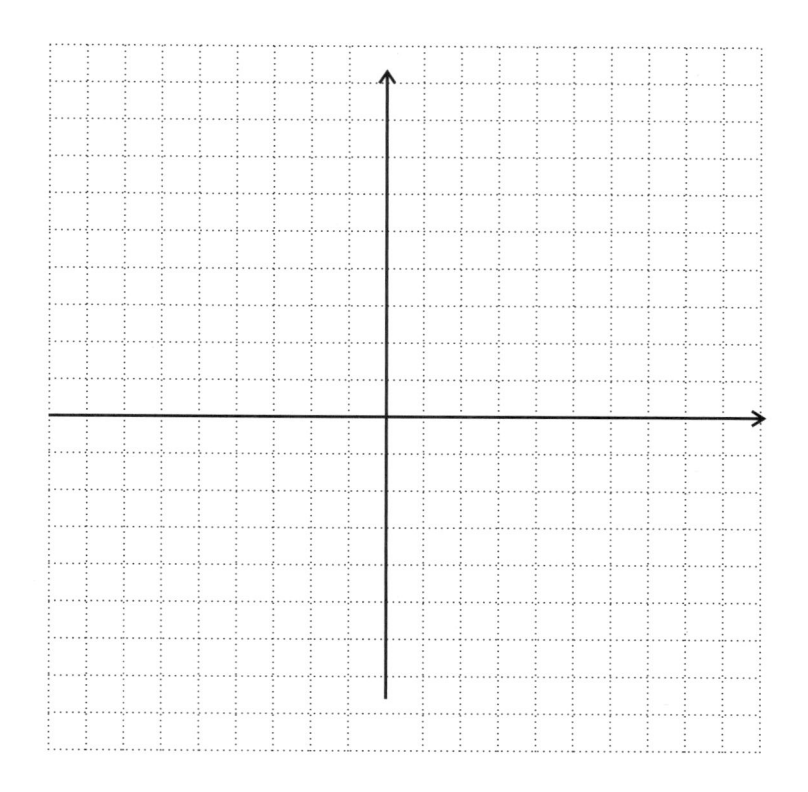

(r) x + 2y = 10

2y = − x + 10

$y = -\frac{1}{2}x + 5$

x	y
2	
4	

s) x − y = 4

y = x − 4

x	y
− 1	
2	

b) $\begin{cases} 3x + 2y = 2 \\ 2x - 3y = -16 \end{cases}$

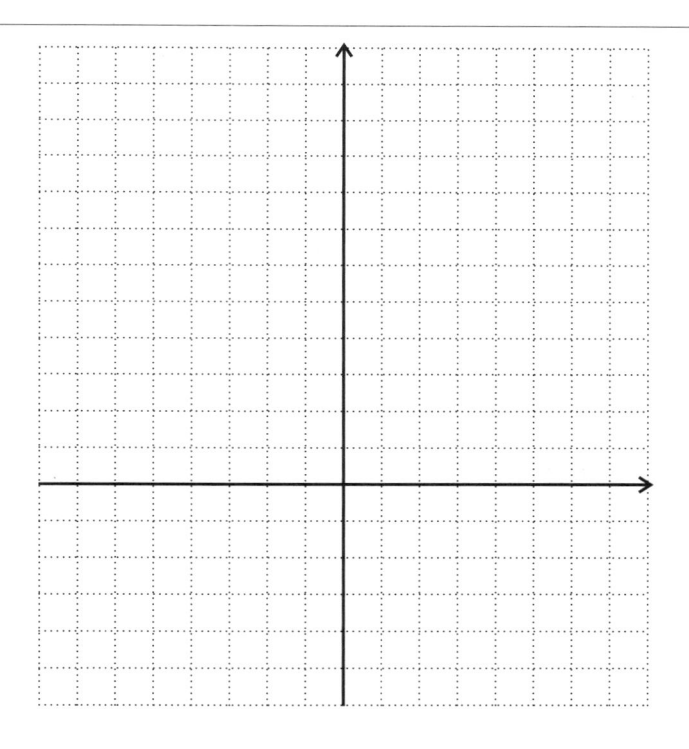

r) 3x + 2y = 2

2y = − 3x + 2

$y = -\frac{3}{2}x + 1$

x	y
− 4	
2	

s) 2x − 3y = − 16

3y = 2x + 16

$y = \frac{2x + 16}{3}$

x	y
− 5	
4	

Resp: **148** a) (2, 4), (5,7), (7, 9), (− 1, 1), (− 4,− 2), (− 7, − 5). São pontos colineares   b) (2, − 1), (4, 0), (8, 2), (10, 3), (− 2, − 3), (− 6, − 5). São pontos colineares.   **149** a) Reta determinada por (2, 4) e (4, 2)   b) Reta determinada por (− 3, 0) e (6, 6)

93

152 Resolver graficamente o sistema, nos casos:

a) $\begin{cases} 2x - y = -7 \\ x - 2y = -8 \end{cases}$

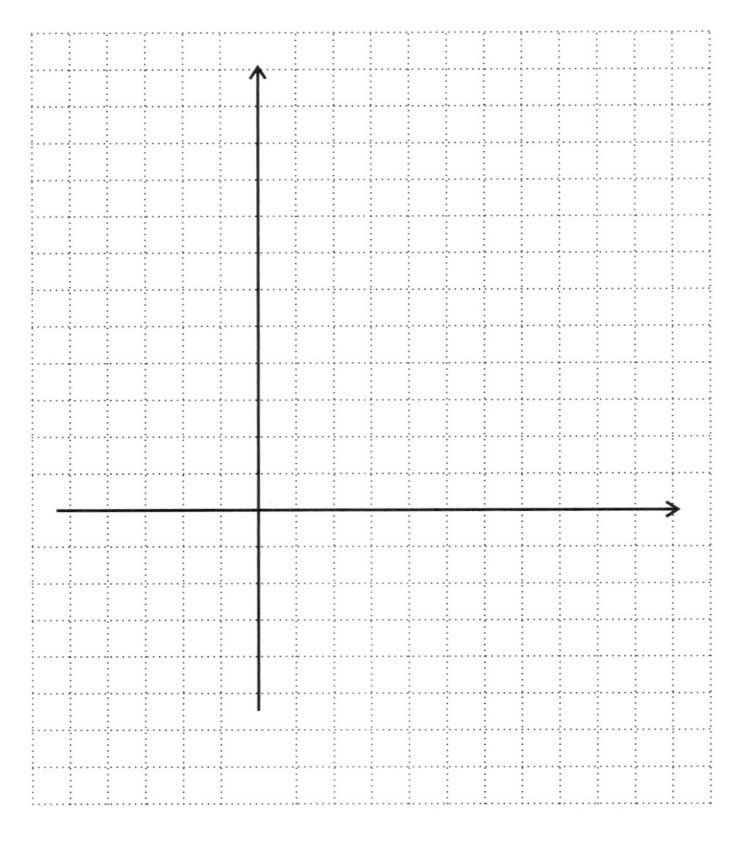

b) $\begin{cases} x - 2y = -4 \\ 5x + 4y = 22 \end{cases}$

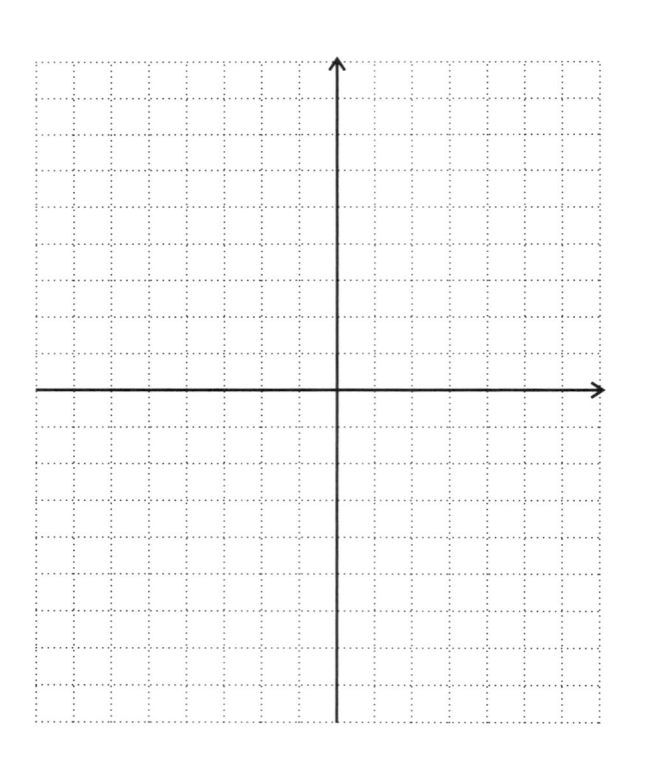

Para representar no plano cartesiano o gráfico de uma equação do primeiro grau com duas variáveis (o gráfico é uma reta), costumamos isolar o **y** e atribuir dois valores para o **x**, determinando dois pares ordenados, que determinam a reta.

Para determinar a equação cujo gráfico é uma reta oblíqua aos eixos, determinada por dois pontos dados, basta considerarmos a equação na forma com o y isolado, isto é, y = ax + b e substituindo **x** e **y** pelos valores dados, determinarmos **a** e **b**.

Exemplo: Determinar a equação da reta determinada por (2, 4) e (3, 5)

y = ax + b e (2, 4) e (3, 5) são soluções desta equação

$\begin{cases}(2, 4) \Rightarrow 4 = a(2) + b \\ (3, 5) \Rightarrow 5 = a(3) + b\end{cases} \Rightarrow$

$\begin{cases}2a + b = 4 \\ 3a + b = 5\end{cases} \Rightarrow \begin{cases}-2a - b = -4 \\ 3a + b = 5\end{cases} \Rightarrow \boxed{a = 1} \Rightarrow 2(1) + b = 4 \Rightarrow \boxed{b = 2}$

a = 1, b = 2, y = ax + b ⇒ y = 1x + 2 ⇒ $\boxed{y = x + 2}$ ou $\boxed{x - y = -2}$

153 Determinar a equação da reta que passa pelos pontos A e B, nos casos:

a) A(2, 2), B(3, 4)

Exemplo:

y = ax + b

$\begin{cases}2 = 2a + b \\ 4 = 3a + b\end{cases} \Rightarrow \begin{cases}-2 = -2a - b \\ 4 = 3a + b\end{cases} \Rightarrow$

2 = a ⇒ $\boxed{a = 2}$ ⇒

a = 2 e 2 = 2a + b ⇒

⇒ 2 = 2(2) + b ⇒ $\boxed{b = -2}$

a = 2, b = -2, y = ax + b ⇒

$\boxed{y = 2x - 2}$ ou $\boxed{2x - y = 2}$

b) A(-2, 2), B(1, 4)

Resp: 150 a) (r) (-4,1) e (1, 6), (s) (-6, 3) e (6, -1), (t) (6, 3) e (9, -2)   r ∩ s = {(-3, 2)}, r ∩ t = {3, 8)} , s ∩ t = {9, -2)}

b) (r) (-4, 4) e (4, 8) , (s) (-6, -1) e (8, 6) , (t) (6, 1) e (3, -2) r ∩ s = Ø, r ∩ t = {(2, 7)} , s ∩ t = {(4, 4)}

151 a) A reta x + 2y = 10 passa por (2, 4) e (4, 3) e a reta x - y = 4 passa por (-1, -5) e (2, -2). {(6, 2)}.

b) A reta 3x + 2y = 2 passa por (-4, 7) e (2, -2) e reta 2x - 3y = -16 passa por (-5, 2) e (4, 8). {(-2, 4)}

154 Determinar a equação da reta determinada pelos pontos A e B, nos casos:

a) A (3, 4) , B (2, – 6)

b) A (– 2, – 1) , B (3, 4)

c) A (– 4, 0) , B (2, 6)

d) A (0, 6) , B (8, – 2)

e) A (– 6, 0) , B (0, 4)

f) A (– 3, – 1) , B (4, 3)

155 Dados os pontos A e B, determinar o ponto P(x, y) da reta determinada por A e B nos casos:

a) A(−4, −1), B(5, 5), P(2, b)

b) A(−2, 4), B(6, 2), P(−6, b)

c) A(2, −1), B(6, 2), P(a, −4)

d) A(−6, −6), B(2, 6), P(−3, b)

Resp: **152** a) A reta 2x − y = − 7 passa pelos pontos (− 4, − 1), (− 3, 1), (− 1, 5), (0, 7), (1, 9) e a reta x − 2y = − 8 passa pelos pontos (− 4, 2), (0, 4), (2, 5), (4, 6). {(− 2, 3)}

b) A reta x − 2y = − 4 passa pelos pontos (− 4, 0), (− 2, 1), (0, 2), (4, 4) e a reta 5x + 4y = 22 passa pelos pontos (− 2, 8), (6, − 2). {(2, 3)}

153 a) y = 2x − 2 ou 2x − y = 2 b) y = $\frac{2}{3}$x + $\frac{10}{3}$ ou 2x − 3y = − 10

154 a) y = 10x − 26 ou 10x − y = 26 b) y = x + 1 ou x − y = − 1 c) y = x + 4 ou x − y = − 4 d) y = − x + 6

e) 2x − 3y = − 12 f) 4x − 7y = − 5 **155** a) 2x − 3y + 5 = 0, P(2, 3) b) x + 4y − 14 = 0, P(− 6, 5)

c) 3x − 4y − 10 = 0, P(− 2, − 4) d) 3x − 2y + 6 = 0, P$\left(-3, -\frac{3}{2}\right)$

IX TRANSFORMAÇÕES GEOMÉTRICAS
Simetria de reflexão

156 Determine os pontos A', B' e C', simétricos respectivamente dos pontos A, B e C em relação à reta **r**.

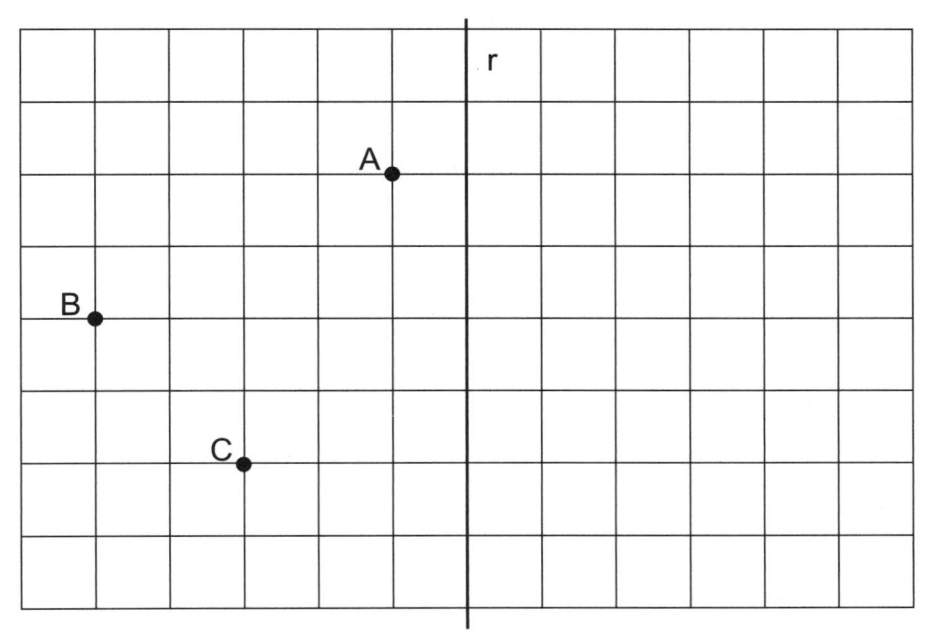

157 Determine os pontos A' e B', simétricos dos pontos A e B em relação à reta **r**:

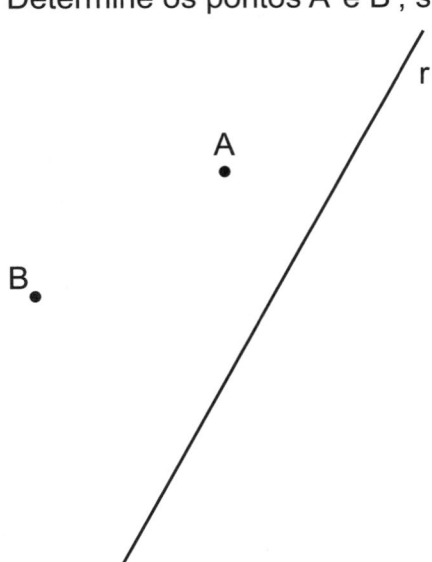

158 Em cada um dos casos abaixo, determine o simétrico de cada figura em relação à reta **r**.

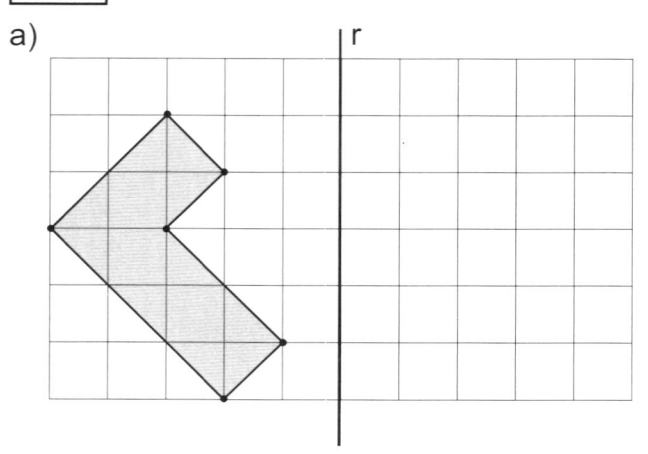

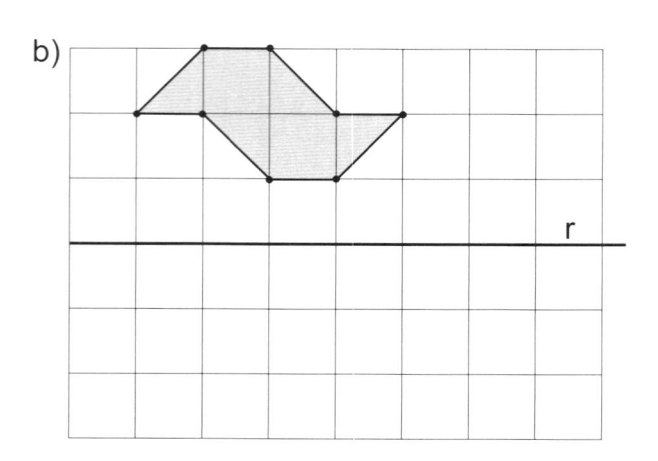

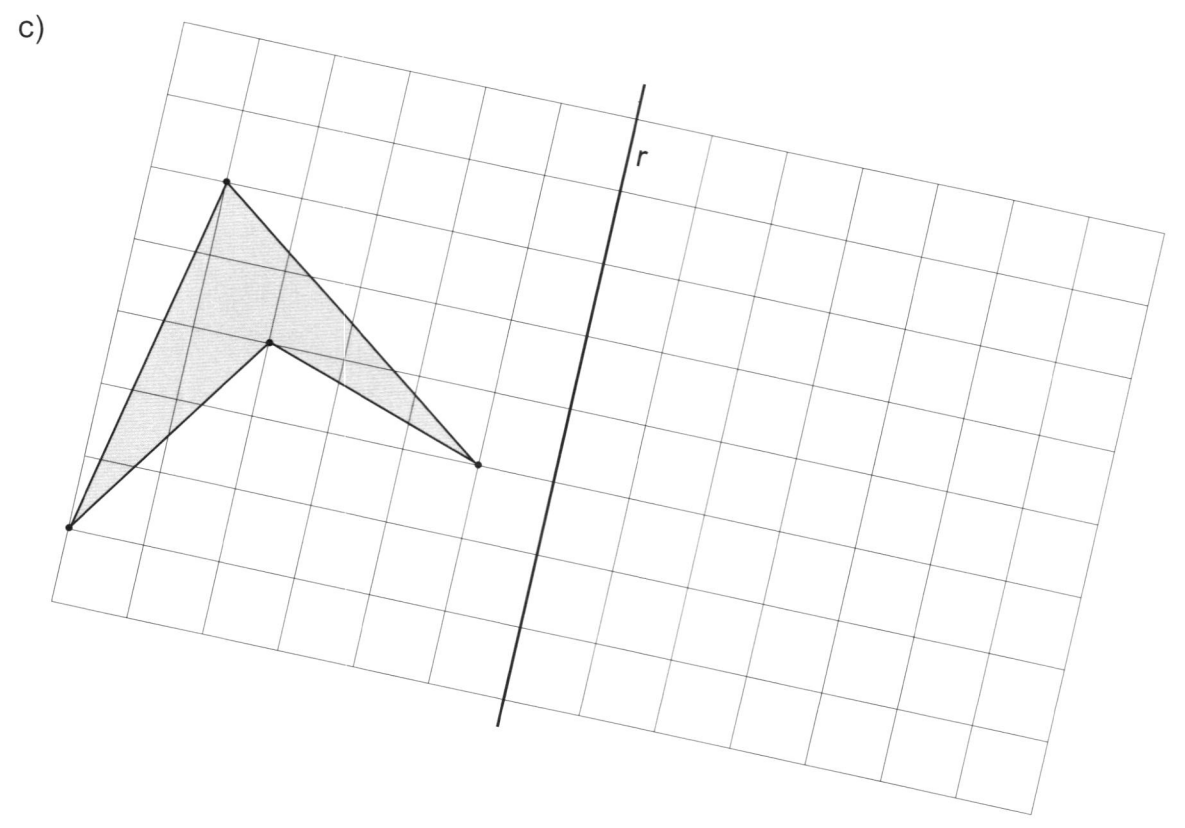

a)

b)

c)

d)

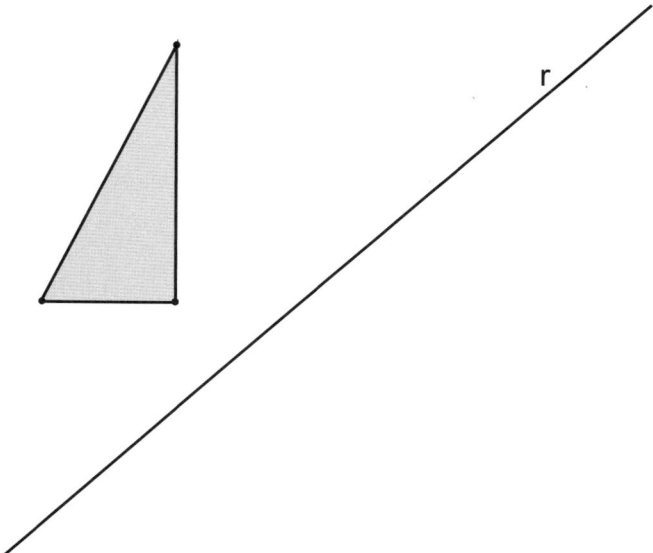

159 Dadas uma figura e a simétrica dela em relação a uma determinada reta (eixo de simetria), determine a posição do eixo de simetria.

a)

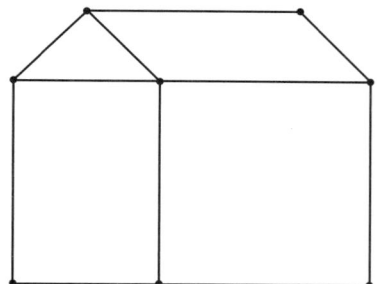

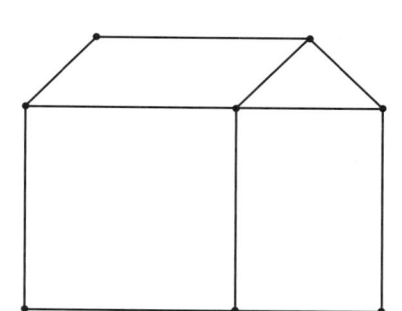

b)

101

Translação

160 Desenhe a figura que se obtém através da translação do polígono dado pelo vetor dado.

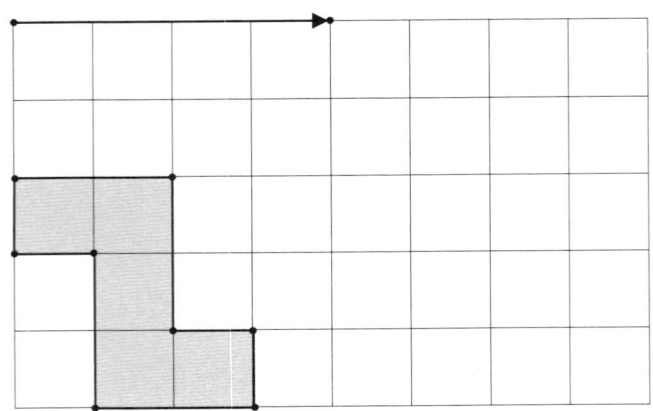

161 Desenhe a figura que se obtém através da translação do polígono dado pelo vetor dado.

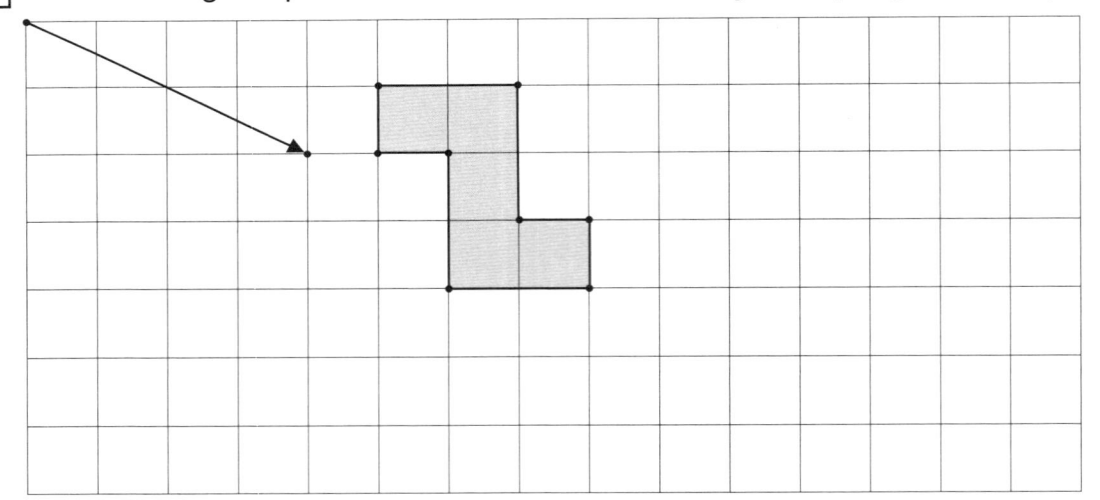

162 Desenhe a figura que se obtém através da translação do polígono dado pelo vetor dado.

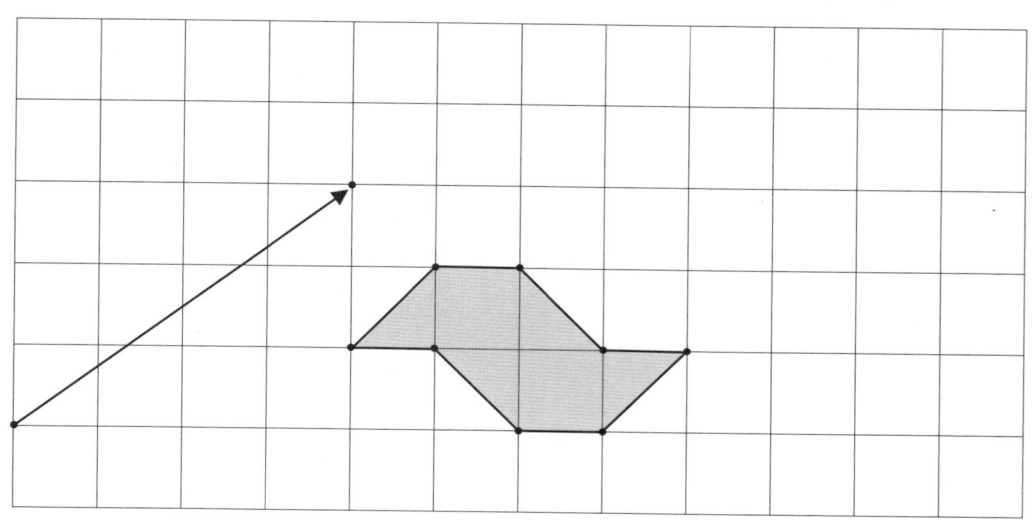

163 Na figura abaixo, trace uma reta e um vetor, de tal forma que, aplicada uma reflexão no triângulo ABC em relação à reta e em seguida uma translação segundo o vetor, resulte no triângulo A"B"C". A resposta não é única.

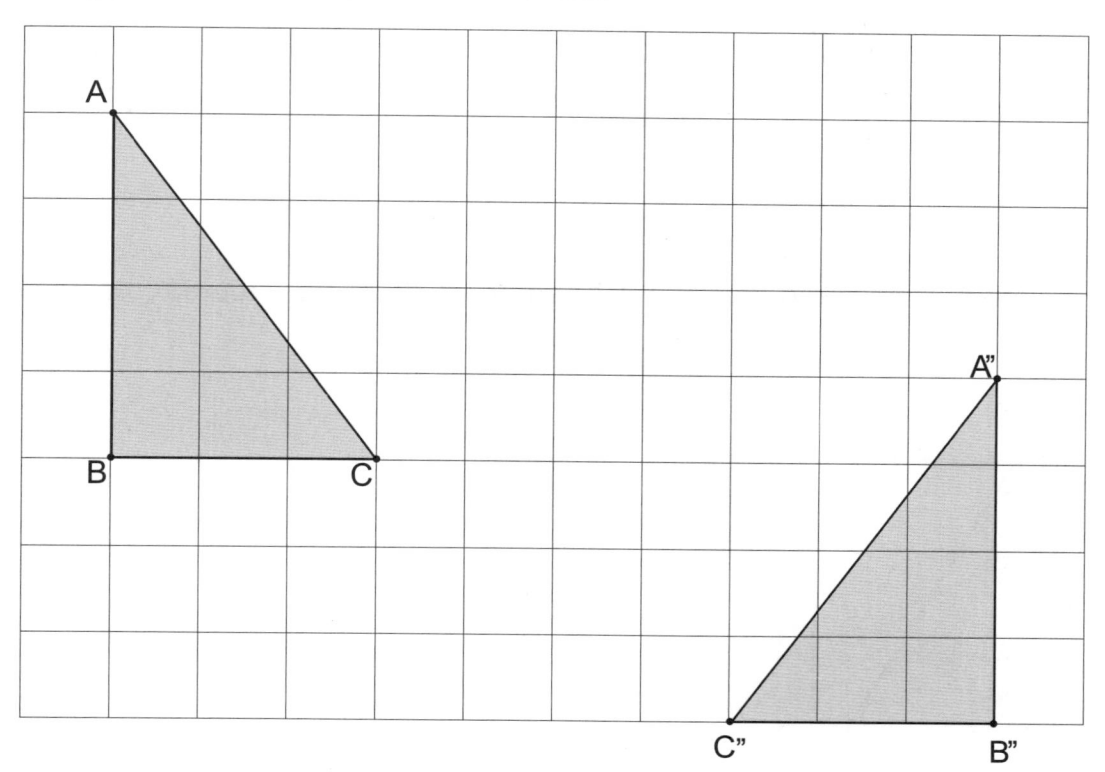

103

Rotação

164 Na figura abaixo, o triângulo ABC é equilátero. O triângulo BOC sofreu uma rotação em torno do ponto O, no sentido anti-horário, gerando o triângulo COA. De quantos graus foi essa rotação?

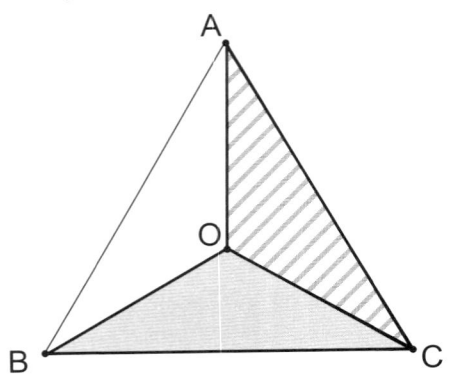

165 Na figura abaixo, o pentágono ABCDE é regular. O triângulo AOB sofreu uma rotação em torno do ponto O, no sentido anti-horário, gerando o triângulo DOC. De quantos graus foi essa rotação?

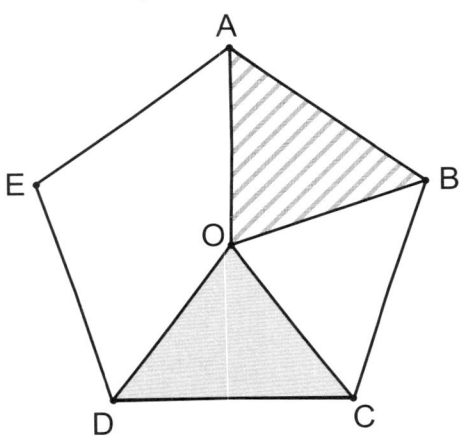

166 Na figura abaixo, rotacione o triângulo ABP em torno do ponto P, de 90°, no sentido anti-horário.

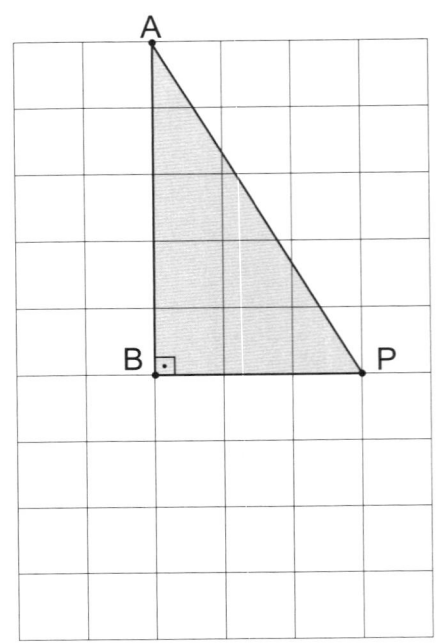

167 Na figura abaixo, rotacione o triângulo ABC de 180º em torno do ponto **M**, no sentido horário.

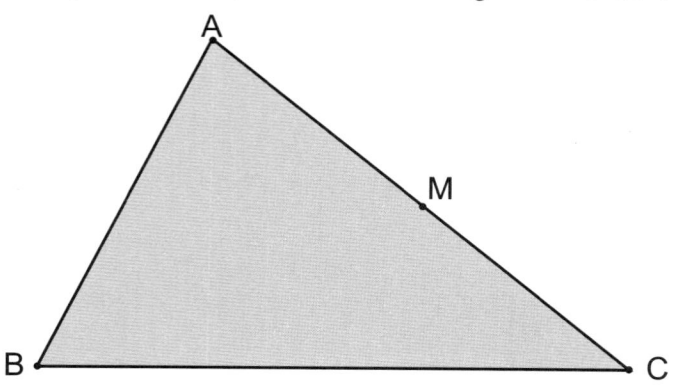

168 Observe a figura abaixo:

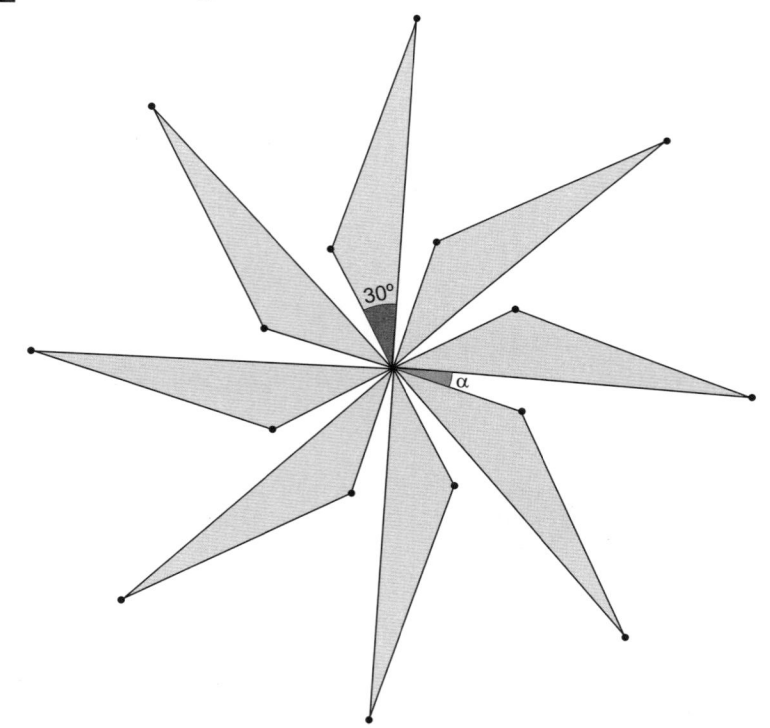

a) A figura é invariante em torno do seu centro, de quantos graus?
b) Qual é a medida do ângulo α?

Exercícios gerais sobre transformações geométricas

169 Na figura abaixo, diga quais as transformações que foram aplicadas à figura 1 para se obterem as figuras 2, 3 e 4.

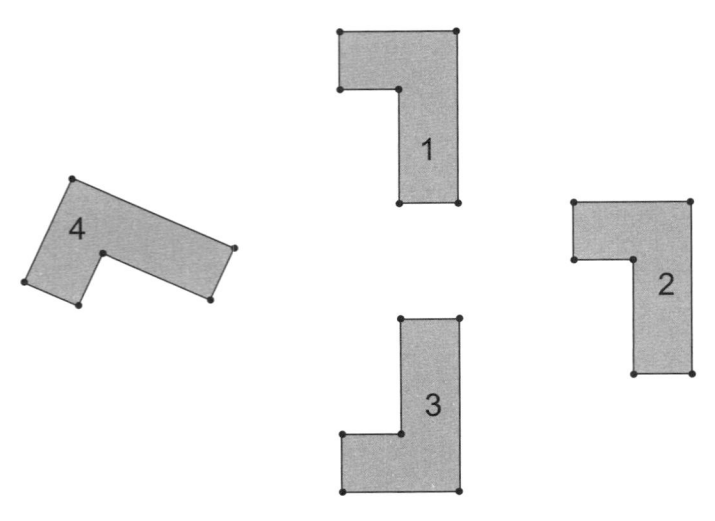

170 Observe a figura abaixo:

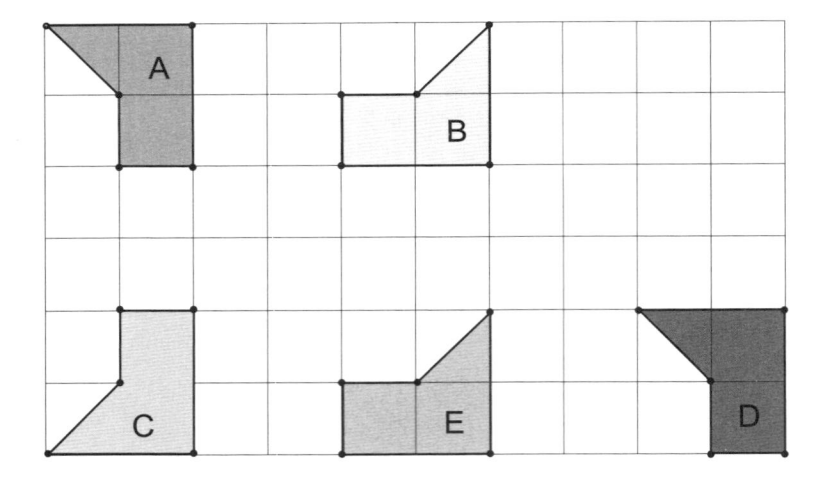

a) Aplicando-se uma translação à figura **D**, que figura obteremos?
b) Aplicando-se uma reflexão à figura **A**, que figura será obtida?
c) Que transformação devemos aplicar à figura **A** para obtermos a figura **B**?

171 Represente a nova posição do triângulo da figura abaixo, após as seguintes transformações, aplicadas sucessivamente:

• Reflexão em relação ao eixo **y**

• Translação segundo o vetor $\vec{v}$?

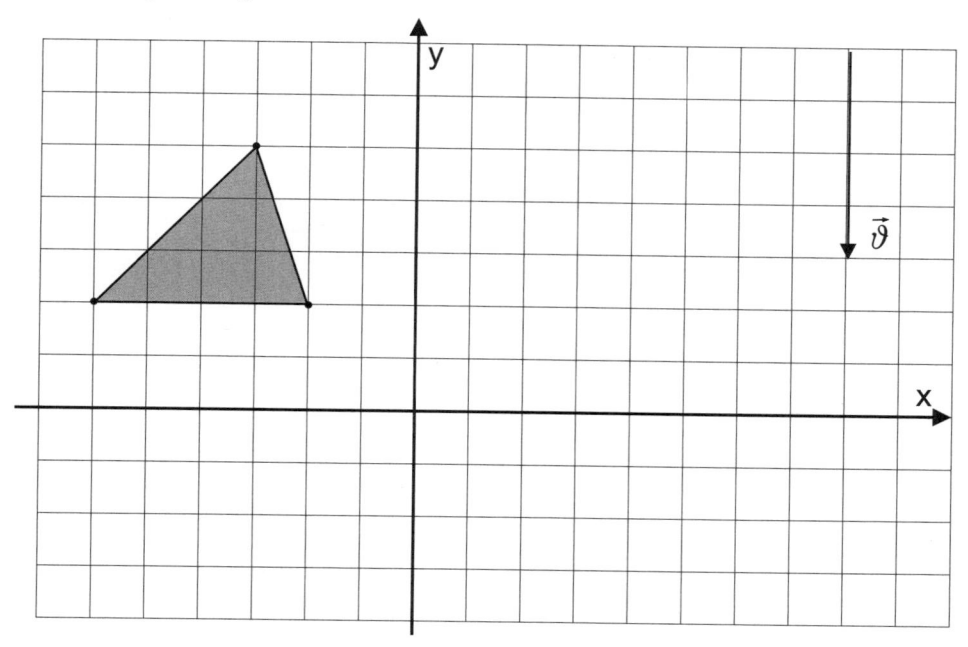

172 Represente a nova posição do polígono abaixo, após as aplicações sucessivas das seguintes transformações:

• Rotação de 90° no sentido horário, em torno do ponto **P**.

• Reflexão em relação ao eixo **y**.

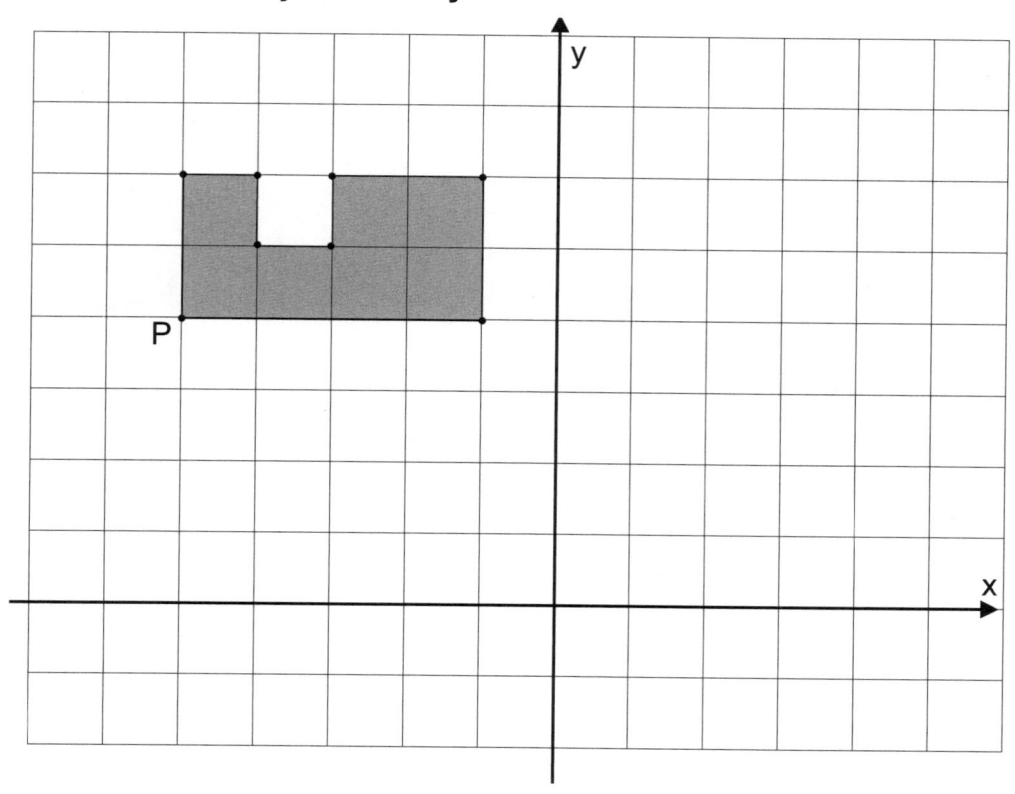

173 (ENEM 2009) Um decorador utilizou um único tipo de transformação geométrica para compor pares de cerâmicas em uma parede. Uma das composições está representada pelas cerâmicas indicadas por I e II.

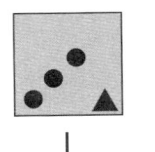

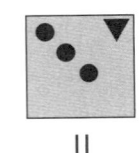

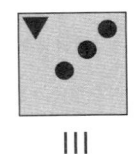

I   II   III

Utilizando a mesma transformação, qual é a figura que compõe par com a cerâmica indicada por III?

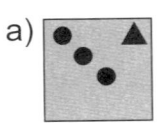

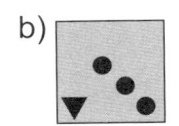

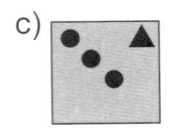

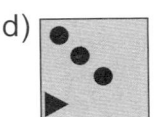

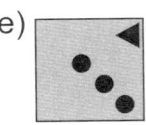

a)   b)   c)   d)   e)

174 (ENEM 2011) O polígono que dá forma a essa calçada é invariante por rotações, em torno de seu centro, de:

a) 45°   b) 60°   c) 90°   d) 120°   e) 180°

108

175 (ENEM adaptado) Uma das expressões artísticas mais famosas associada aos conceitos de simetria e congruência é, talvez, a obra de Maurits Cornelis Escher, artista holandês cujo trabalho é amplamente difundido. A figura apresentada, de sua autoria, mostra a pavimentação do plano com cavalos claros e cavalos escuros, que são congruentes e se encaixam sem deixar espaços vazios.

A figura apresenta uma simetria de:

a) reflexão

b) translação

c) rotação

---

176 Na figura abaixo, as retas r e s são paralelas. A Fig. 2 é a simétrica da Fig. 1 em relação à reta r, e a Fig. 3 é a simétrica da Fig. 2 em relação à reta s. Qual transformação deve ser aplicada à Fig. 1 para obtermos a Fig. 3?

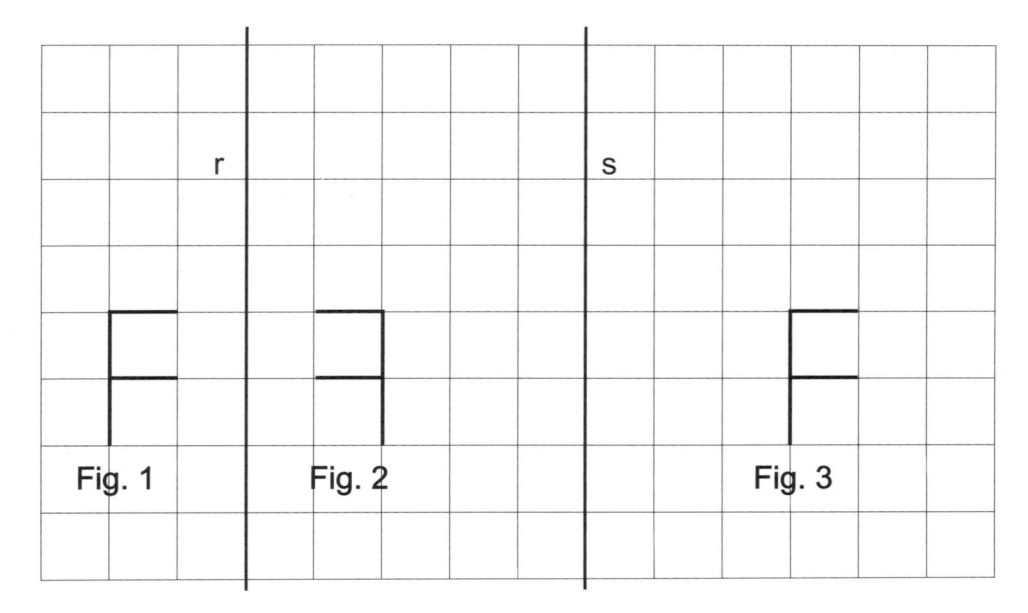

X SEGMENTOS

A) Elementos Primitivos

Os elementos primitivos em Geometria são três: ponto, reta e plano.

Alguns objetos do mundo em que vivemos nos dão a idéia desses elementos. Por exemplo, um barbante bem esticado pode dar-nos a idéia de uma reta; a superfície da carteira nos dá a idéia de plano e um furo feito por um alfinete numa folha de papel nos dá a idéia de ponto.

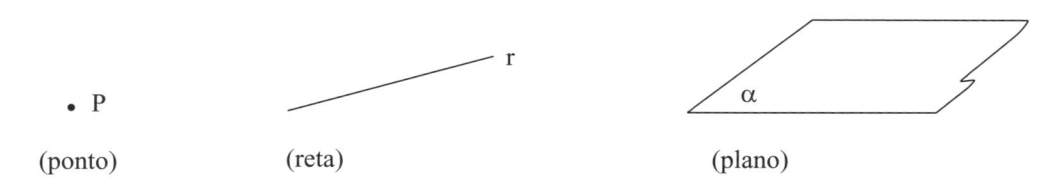

• P

(ponto)   (reta)   (plano)

B) Segmento de reta

Definição: dados dois pontos distintos **A** e **B**, chamamos de segmento de reta o conjunto cujos elementos são A , B e todos os pontos pertencentes à reta determinada por A e B e que **estão entre** A e B .

Observação: a noção "**estar entre**" será aqui aceita intuitivamente.

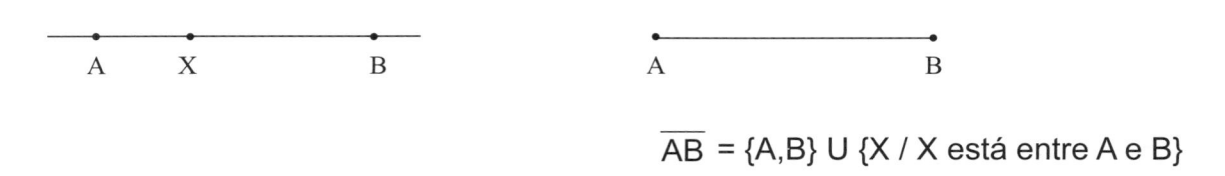

$\overline{AB}$ = {A,B} ∪ {X / X está entre A e B}

C) Medida de um segmento de reta

Medir significa comparar com um padrão. Na figura abaixo, o segmento AB está sendo comparado com um padrão que resolvemos chamar de **u**. Dizemos que o segmento AB tem 5u (cinco unidades) de comprimento. Claro que o padrão poderia ser centímetro, metro, polegada, jarda, etc.

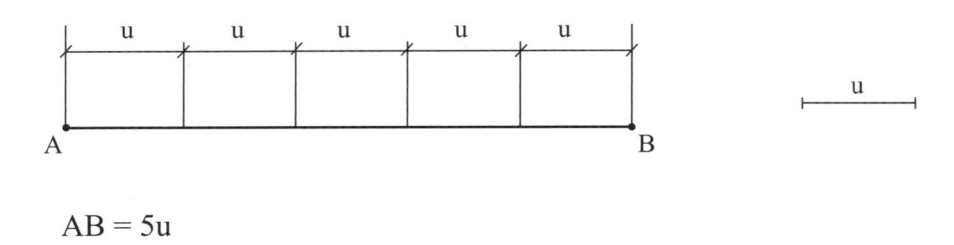

AB = 5u

EXERCÍCIOS RESOLVIDOS

Resolvido 01 Calcule AP.

Solução: AP + PB = 24 ⇒ 3x + 3 + 4x − 7 = 24 ⇒ x = 4

AP = 3x + 3 ⇒ AP = 3.4 + 3 ⇒ AP = 15

Resposta: 15

Resolvido 02 Calcule **x**.

```
A •————————•————————• B
    2x − 1    P   6
  └─────────┬─────────┘
         5x − 16
```

Solução: AP + PB = AB ⇒ 2x − 1 + 6 = 5x − 16 ⇒ $\boxed{x = 7}$

Resposta: 7

Resolvido 03 **M** é ponto médio de $\overline{AB}$. Calcule **x**.

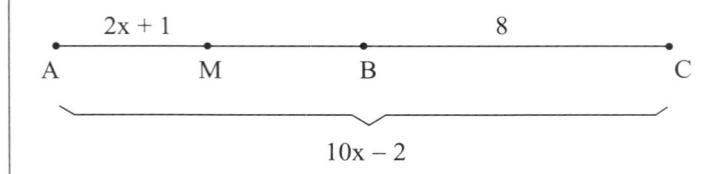

```
•————•————•——————————•
A 2x+1 M   B    8     C
  └─────────┬─────────┘
         10x − 2
```

Solução:

```
•————•————•——————————•
A 2x+1 M 2x+1 B  8    C
  └─────────┬─────────┘
         10x − 2
```

2x + 1 + 2x + 1 + 8 = 10x − 2 ⇒ $\boxed{x = 2}$

Resposta: 2

Resolvido 04 Determine **x** e **y** na figura, dado que **M** é ponto médio $\overline{AB}$ e AC = 17 cm.

```
A •————•————•————• C
   2x+1 M y+2 B y−2
```

Solução: M é ponto médio de $\overline{AB}$ ⇒ 2x + 1 = y + 2
AM + MB + BC = AC ⇒ 2x + 1 + y + 2 + y − 2 = 17
⇒ $\begin{cases} 2x - y = 1 \\ 2x + 2y = 16 \end{cases}$ ⇒ $\begin{cases} 2x - 1 = 1 \\ x + y = 8 \end{cases}$

Somando membro a membro as duas últimas equações:

2x + x − y + y = 9 ⇒ $\boxed{x = 3 \text{ cm}}$

Substituindo em x + y = 8, tem-se:

x + y = 8 ⇒ 3 + y = 8 ⇒ $\boxed{y = 5 \text{ cm}}$

Resposta: x = 3 cm e y = 5 cm

177 O segmento $\overline{AB}$ mede 18 cm. Determine o valor de **x**:

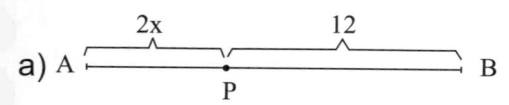

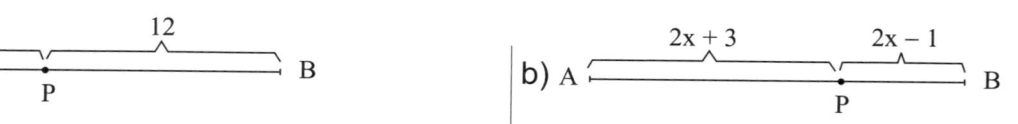

a) A ⊢―2x―•P―12―⊣ B

b) A ⊢―2x+3―•P―2x−1―⊣ B

178 O segmento $\overline{AP}$ mede 20 cm. Determine o valor de **x**:

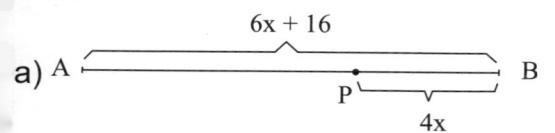

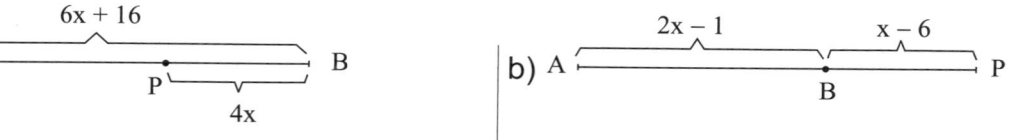

a) A ⊢―6x+16―•P―⊣ B, P―4x―B

b) A ⊢―2x−1―•B―x−6―⊣ P

179 Determine o valor de **x**, sabendo que **M** é ponto médio de $\overline{AB}$.

a) A ⊢―3x+17―•M―56―⊣ B

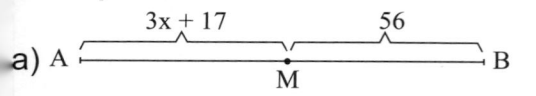

b) A ⊢―6x−18―•M―⊣ B, 2x+1

180 Sabendo que **M** é ponto médio de $\overline{AB}$, determine a medida de $\overline{MP}$.

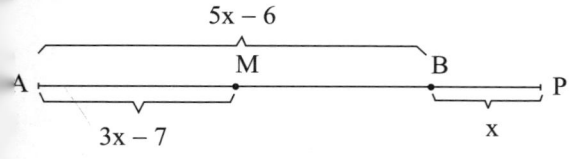

A ⊢―3x−7―•M―5x−6―•B―x―⊣ P

113

181 Na figura abaixo, $\overline{AB}, \overline{BC}, \overline{CD}, \overline{DE}$ e $\overline{EF}$ são congruentes (têm mesma medida). Determine a medida de $\overline{AF}$.

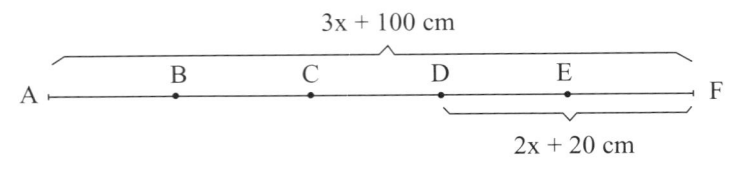

A •——— B • ——— C • ——— D • ——— E • ——— F

BCDE = 3x + 100 cm

CD + DE = 2x + 20 cm

182 Na figura abaixo, **M** é ponto médio $\overline{AC}$ e N é ponto médio de $\overline{CB}$. Determine MN.

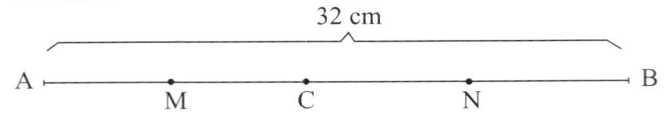

AB = 32 cm

A •——— M • ——— C • ——— N • ——— B

183 Sabendo que M é ponto médio de $\overline{AB}$, determine **x** e **y** (a unidade das medidas é o centímetro).

a) A •——— M • ——— B
AB = 4y − 14
AM = 2x − 1
MB = 48 − 5x

b) A •——— M • ——— B
AM = x + 12
MB = y + 16
AB = 4x + 12

184 Determine a medida do segmento $\overline{QB}$.

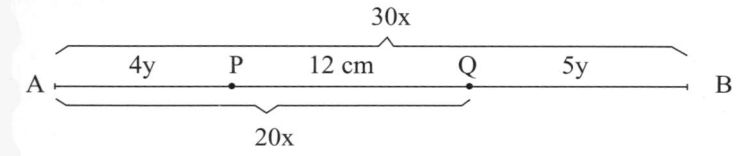

```
            30x
     4y   P   12 cm   Q    5y
A  |―――――•―――――――•―――――――| B
          20x
```

185 Sabendo que AB = 19 cm, determine **x** e **y**.

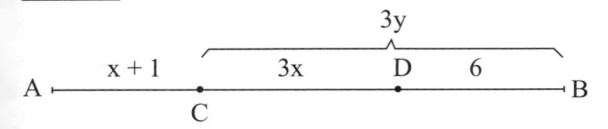

```
                3y
       x + 1   3x   D   6
A  |―――――•―――――――•―――――| B
          C
```

186 O Sr. Alvarus vai cortar um cano de 300 cm em três pedaços, de modo que o primeiro pedaço meça o dobro do segundo e o terceiro seja 20 cm menor que o segundo. Quanto medirá cada pedaço?

187 Os pontos A, B e C, nesta ordem, pertencem a uma mesma reta. Determine AB, sabendo que AC = 28 cm e BC = 15 cm.

188 A reta r contém os pontos, A, B e C (diz-se que A, B e C são colineares). Determine AC, sabendo que AB = 32 cm e BC = 10 cm.

189 Os pontos A, B e C são colineares, com AC = 5x e BC = 2x. Determine AC, sabendo que AB = 63 cm.

190 Os pontos A, B e C são colineares. Determine AB e BC, sabendo que AB é o quíntuplo de BC e AC = 72 cm.

191 Os pontos A, B e C nesta ordem, pertencem a uma mesma reta. Seja **M** o ponto médio de AB e N o ponto médio de BC. Prove que MN = $\dfrac{AB}{2}$.

192 Os pontos A, B e P, nesta ordem, pertencem a uma mesma reta. Se **M** é o ponto médio de $\overline{AP}$, N é ponto médio de $\overline{BP}$ e AB = 64 cm, quanto mede $\overline{MN}$?

XI ÂNGULOS

A) Semi-Reta

Definição: dados dois pontos distintos **A e B**, chama-se semi-reta AB (indica-se $\overrightarrow{AB}$) ao conjunto formado pela união do segmento $\overline{AB}$ com todos os pontos X pertencentes à reta determinada por A e B e tais que B **está entre** A e X.

Observação: a semi-reta $\overrightarrow{BA}$ é chamada de semi-reta oposta de $\overrightarrow{AB}$.

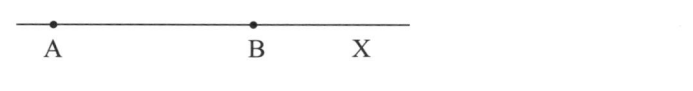

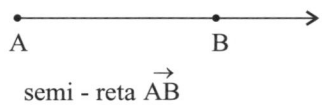

B) Ângulo

Definição: dados três pontos não colineares A, O e B, chama-se ângulo AÔB a reunião das semi-retas $\overrightarrow{OA}$ e $\overrightarrow{OB}$.

Observação: O é chamado de vértice do ângulo, as semi-retas $\overrightarrow{OA}$ e $\overrightarrow{OB}$ são chamadas lados do ângulo AÔB.

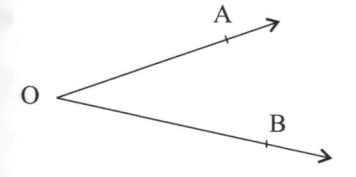

ângulo AÔB

O: vértice

$\overrightarrow{OA}$, $\overrightarrow{OB}$: lados

C) Ângulos Opostos pelo Vértice (o.p.v.)

Definição: dois ângulos são opostos pelo vértice se os lados de um deles são semi-retas opostas aos lados do outro.

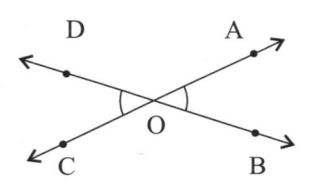

AÔB e CÔD são o.p.v.

AÔD e BÔC são o.p.v.

D) Medida de um Ângulo

O padrão usado para medir ângulos é o grau. O instrumento usado para tal medição é o transferidor.

Veja figura:

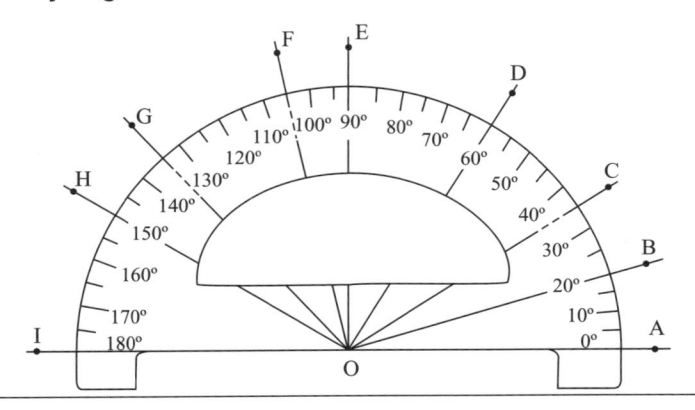

AÔB = 20°

AÔC = 35°

AÔH = 150°

BÔD = 40°

AÔE = 90°

AÔI = 180°

117

E) Bissetriz de um Ângulo

Definição: chama-se bissetriz de um ângulo AÔB a semi-reta com origem em **O** e que determina com os lados $\overrightarrow{OA}$ e $\overrightarrow{OB}$ dois ângulos adjacentes de mesma medida.

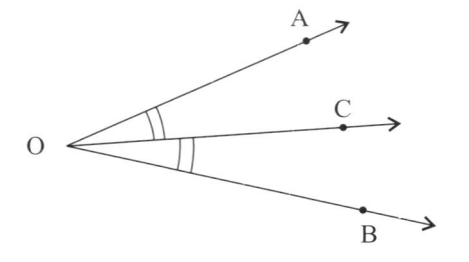

AÔC = BÔC $\Rightarrow$ $\overrightarrow{OC}$ é bissetriz de AÔB.

F) Ângulos nulo, Agudo, Reto, Obtuso e Raso.

Seja x = AÔB.

Se x = 0°, então x é ângulo nulo.

Se 0° < x < 90°, então x é ângulo agudo.

Se x = 90°, então x é ângulo reto (as retas que contêm seus lados são ditas perpendiculares).

Se 90° < x < 180°, então x é ângulo obtuso.

Se x = 180°, então x é ângulo raso.

G) Ângulos Complementares e Suplementares

Definição 1: dois ângulos são ditos complementares se a soma deles é igual a 90°.

Definição 2: dois ângulos são ditos suplementares se a soma deles é igual a 180°.

EXERCÍCIOS RESOLVIDOS

Resolvido [05] Prove que ângulos opostos pelo vértice têm medidas iguais.

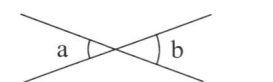

$\overset{?}{\Rightarrow}$ a = b

Solução:

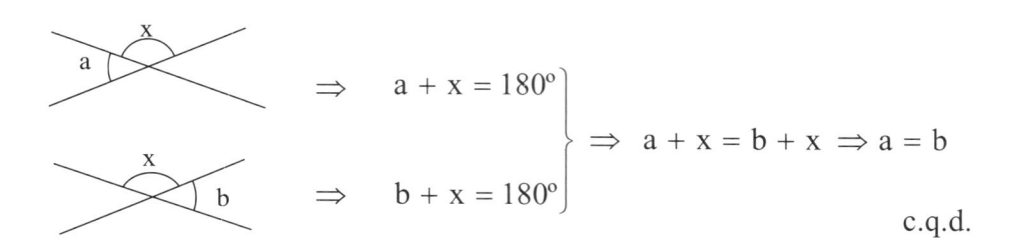

$\Rightarrow$ a + x = 180°

$\Rightarrow$ b + x = 180°

$\Rightarrow$ a + x = b + x $\Rightarrow$ a = b

c.q.d.

Resolvido 06 Determine **x** e **y** na figura abaixo.

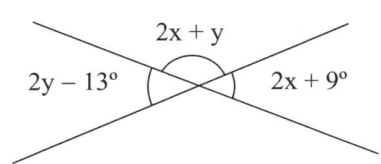

Solução: $\begin{cases} 2x + 9 = 2y - 13 \\ 2x + y + 2x + 9 = 180 \end{cases} \Rightarrow \begin{cases} 2x - 2y = -22 \\ 4x + y = 171 \end{cases} \Rightarrow$

$\Rightarrow \begin{cases} x - y = -11 \quad \oplus \\ 4x + y = 171 \end{cases} \downarrow$

$\qquad 5x \quad = 160 \Rightarrow \boxed{x = 32°}$

Sendo x – y = – 11 , tem-se: 32 – y = – 11 $\Rightarrow$ $\boxed{y = 43°}$

Resposta: x = 32° , y = 43°

Resolvido 07 Na figura abaixo, $\overrightarrow{OP}$ é bissetriz de AÔB. Calcule os valores de **x** e **y**.

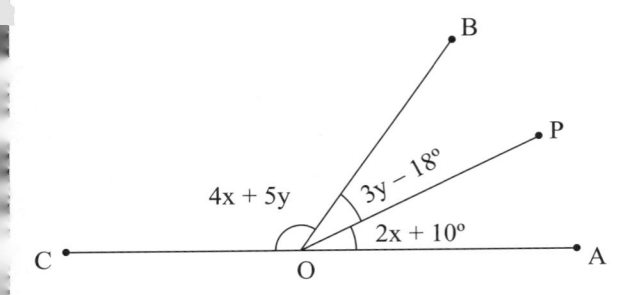

Solução:

$\overrightarrow{OP}$ bissetriz $\Rightarrow 2x + 10° = 3y - 18°$

AÔC = 180° $\Rightarrow 4x + 5y + 3y - 18° + 2x + 10° = 180$

$\Rightarrow \begin{cases} 2x - 3y = -28° \\ 6x + 8y = 188° \end{cases} \Rightarrow \begin{cases} 2x - 3y = -28 \quad (\times 4) \\ 3x + 4y = 94 \quad (\times 3) \end{cases} \Rightarrow \begin{cases} 8x - 12y = -112 \\ 9x + 12y = 282 \end{cases}$

Somando as duas últimas equações: 17x = 170° $\Rightarrow$ $\boxed{x = 10°}$

2x – 3y = – 28 $\Rightarrow$ 2 · 10 – 3y = – 28 $\Rightarrow$ $\boxed{y = 16°}$

Resposta: x = 10° , y = 16°

119

193 Determine o valor de **x** nos casos abaixo:

a) x, 37°

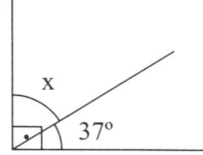

b) 37°, x, 64°

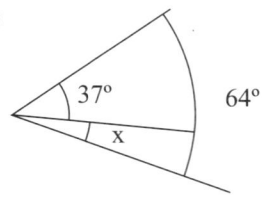

c) 2x + 64°, 42°

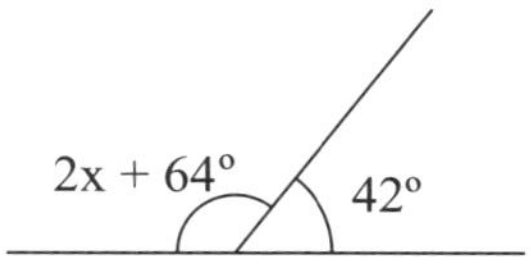

d) 4x, x

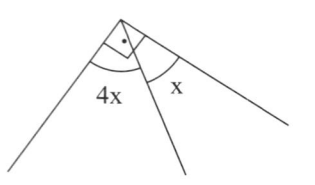

e) 114°, 80° − 2x, 78°

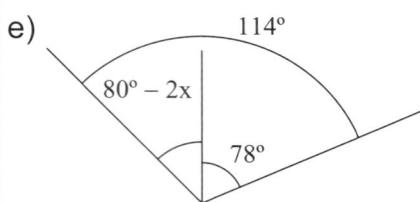

f) 2x − 12°, 5x + 17°

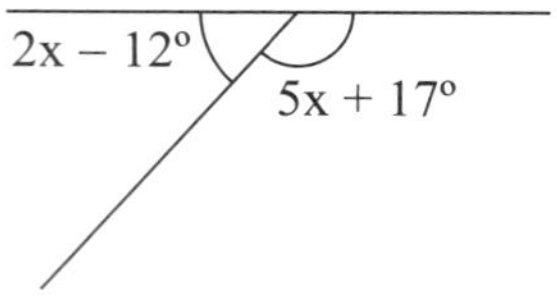

g) 60° − 4x, 2x + 6°

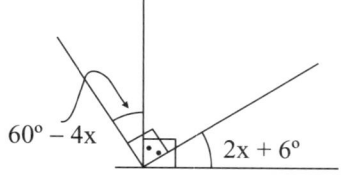

h) 5x − 16°, 50° − x

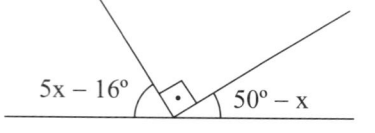

i) 32°, x

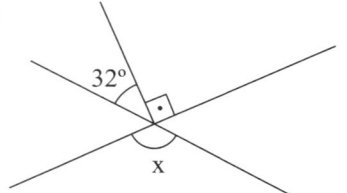

194 Determine os valores de x, y e AÔB nos casos abaixo:

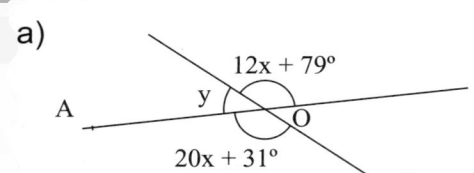

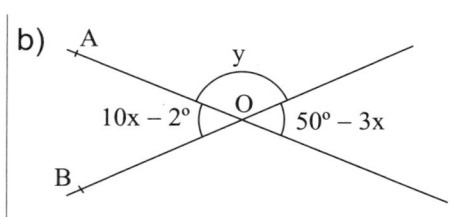

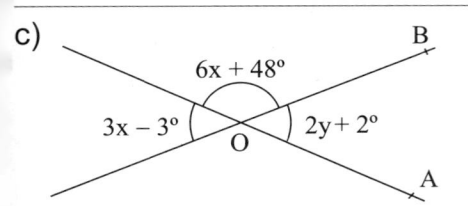

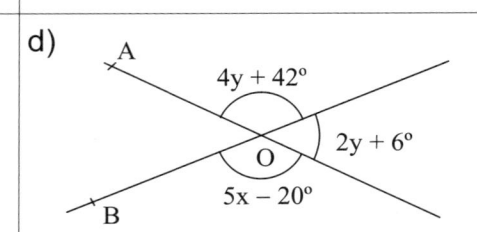

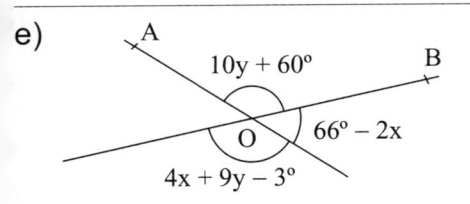

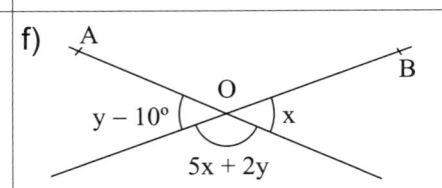

a) 12x + 79°, y, 20x + 31°, A, O, B

b) A, y, 10x − 2°, 50° − 3x, O, B

c) 6x + 48°, 3x − 3°, 2y + 2°, O, A, B

d) A, 4y + 42°, 2y + 6°, 5x − 20°, O, B

e) A, 10y + 60°, B, 4x + 9y − 3°, 66° − 2x, O

f) A, y − 10°, x, 5x + 2y, O, B

121

195 Calcule **x** nos casos abaixo:

a) $4x + 10°$; $2x + 8°$ (ângulo reto)

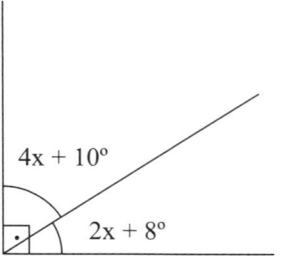

b) $160° - 3x$; $5x + 4°$

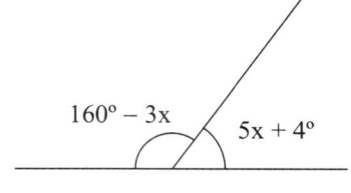

c) $3x + 22°$; $166° - x$

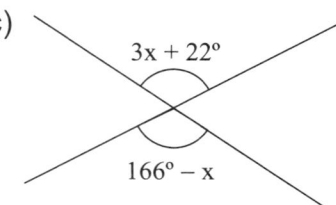

d) $54° - 2x$; $6x$ (ângulo reto)

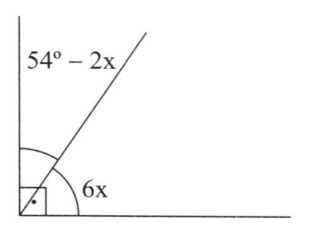

e) $4x + 11°$; $86° - x$

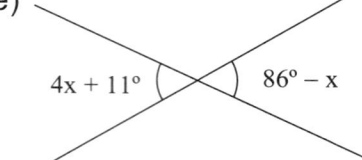

f) $6x + 10°$; $x + 9°$

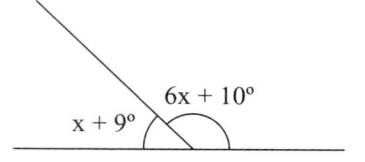

196 Se $\overrightarrow{OP}$ é bissetriz de AÔB, determine **x**:

a) $3x$; $x + 20°$

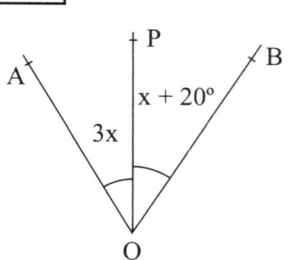

b) $4x + 32°$; $125° - 5x$

122

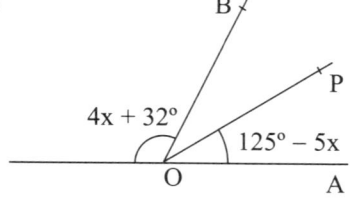

197 Calcule **x** nos casos abaixo:

a) Ângulos ao redor de um ponto: $3x+42° + 2x+18° + x+4° + 4x+36° = 360°$

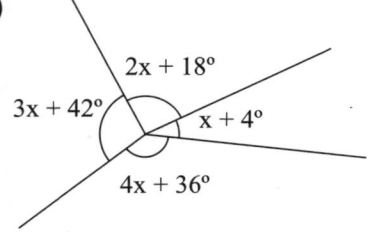

b) $(x+1°) + (161°-3x) + 90° + (6x-16°) = 360°$

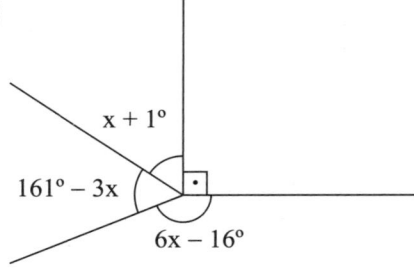

198 Determine **x** e **y** nos casos abaixo:

a) ângulos: $52y-26x$, $x-6°$, $y+6°$

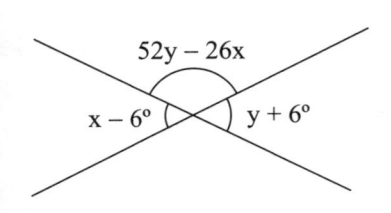

b) $\vec{OP}$ é bissetriz de $A\hat{O}B$; ângulos $5x-4°$, $3y+6°$, $2x+2°$

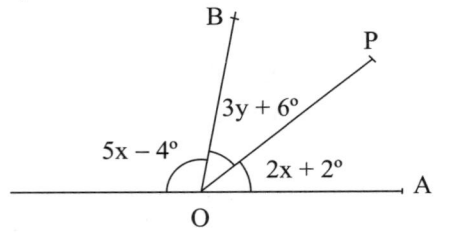

199 Na figura abaixo, $\overrightarrow{OP}$ é bissetriz de AÔB e $\overrightarrow{OQ}$ é bissetriz de BÔC. Determine a medida de PÔQ, sabendo que AÔC = 124°.

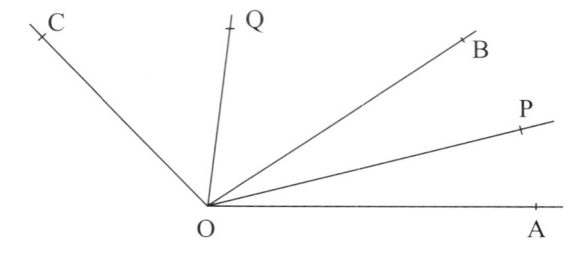

200 As semi-retas $\overrightarrow{OA}$, $\overrightarrow{OB}$ e $\overrightarrow{OC}$ são tais que AÔB = 46° e BÔC = 18°. Quanto mede AÔC?

201 As semi-retas $\overrightarrow{OA}$, $\overrightarrow{OB}$ e $\overrightarrow{OC}$ são tais que AÔB é o triplo de BÔC. Determine as medidas de AÔB e BÔC, sabendo que AÔC = 40°.

202 AÔB e BÔC são ângulos tais que AÔB é o quádruplo de BÔC. Determine as medidas de AÔB e BÔC, dado que AÔC = 120°.

203 $\overrightarrow{OA}$, $\overrightarrow{OB}$ e $\overrightarrow{OC}$ são três semi-retas tais que o maior ângulo formado por duas delas é AÔC = 104°. Quanto mede o ângulo formado pelas bissetrizes de AÔB e BÔC?

204 Na figura abaixo $\overrightarrow{OP}$ e $\overrightarrow{OQ}$ são bissetrizes de AÔB e BÔC, respectivamente. Se PÔQ = 59°, quanto mede AÔC?

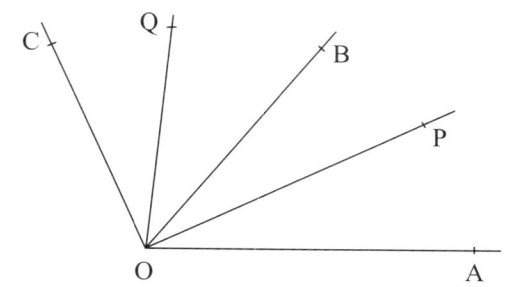

XII PARALELISMO

A) Ângulos de duas retas e uma transversal

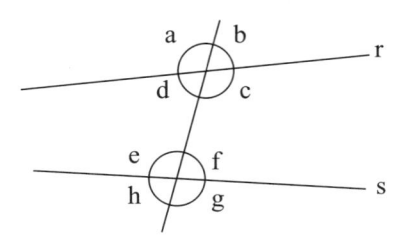

Dadas duas retas **r** e **s**, paralelas ou não, cortadas por uma transversal, os ângulos determinados por elas são denominados de:

alternos internos os seguintes pares de ângulos: **(c e e)** , **(d e f)**

alternos externos os seguintes pares de ângulos: **(a e g)** , **(b e h)**

colaterais internos os seguintes pares de ângulos: **(c e f)** , **(d e e)**

colaterais externos os seguintes pares de ângulos: **(a e h)**, **(b e g)**

correspondentes: **(a e e)** , **(b e f)** , **(c e g)** , **(d e h)**

B) Retas paralelas

Definição: Duas retas são paralelas (símbolo //) se são coincidentes ou são coplanares e não têm ponto em comum.

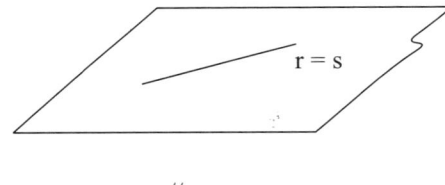

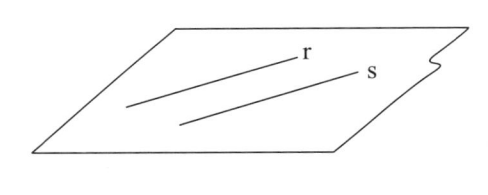

r // s   r // s

C) Teoremas

T1 | Se duas retas cortadas por uma transversal determinam um par de ângulos alternos internos de mesma medida, então elas são paralelas.

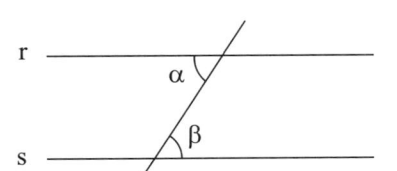

$$\alpha = \beta \Rightarrow r // s$$

T2 | Se duas retas paralelas distintas são cortadas por uma transversal, então dois ângulos alternos internos obtidos têm mesma medida.

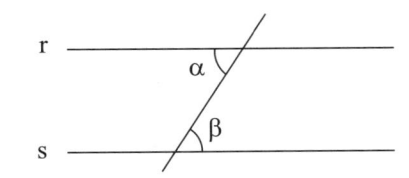

$$r // s \Rightarrow \alpha = \beta$$

125

T3 Se duas retas cortadas por uma transversal determinam um par de ângulos alternos internos de medidas diferentes, então elas não são paralelas.

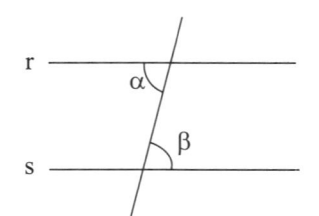

$$\alpha \neq \beta \Rightarrow r \not\parallel s$$

EXERCÍCIOS RESOLVIDOS

Resolvido 08 Na figura abaixo, r // s. Determine x e y.

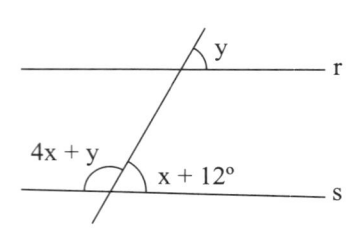

Solução: $\begin{cases} x + 12° = y \\ 4x + y + x + 12° = 180° \end{cases} \Rightarrow \begin{cases} x - y = -12° \\ 5x + y = 168° \end{cases}$

Somando-se as duas últimas equações obtemos

$6x = 156° \Rightarrow \boxed{x = 26°}$

Sendo $x - y = -12$, então $26° - y = -12 \Rightarrow \boxed{y = 38°}$

Resposta: x = 26°, y = 38°

Resolvido 09 Prove que a soma dos ângulos internos de um triângulo é igual a 180°.

Solução:

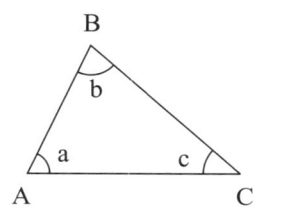

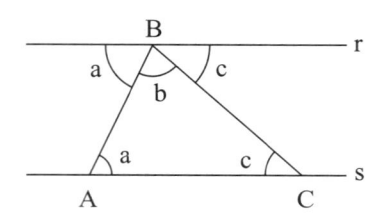

Seja **r** a reta por B paralela à reta suporte do lado $\overline{AC}$ do triângulo ABC. No vértice B consideremos os ângulos alternos aos ângulos **a** e **c**, respectivamente. Verifica-se facilmente que, no vértice B, tem-se a + b + c = 180°

c.q.d.

Resolvido 10 Calcule x, sendo r // s.

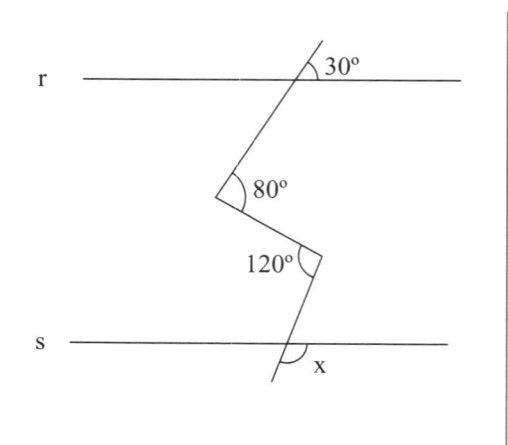

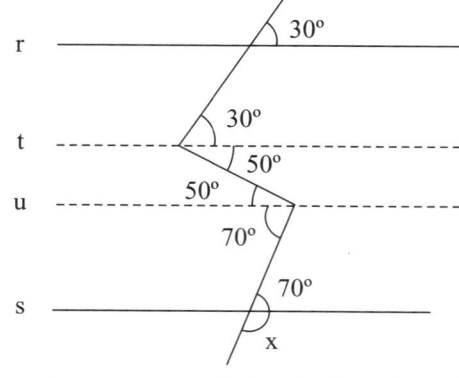

Solução:
1° modo:

traçam-se as paralelas auxiliares **t** e **u**, obtendo-se as medidas indicadas (ângulos alternos). Então $x + 70° = 180° \Rightarrow x = 110°$

2º modo: (provaremos mais adiante que a soma dos ângulos internos de um quadrilátero é igual a 360º).

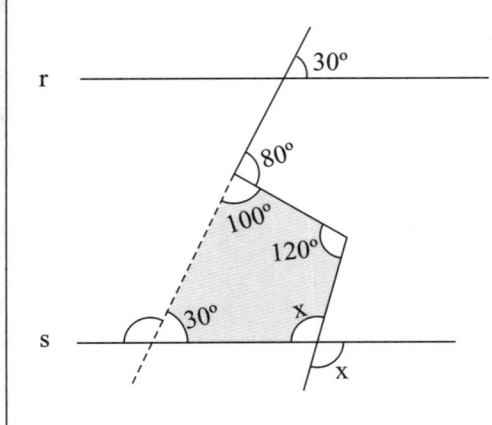

Prolongando-se a transversal, obtém-se o quadrilátero sombreado com as respectivas medidas indicadas. Então:

x + 120º + 100º + 30º = 360º

∴ **x = 110º**

3º modo: análogo ao anterior

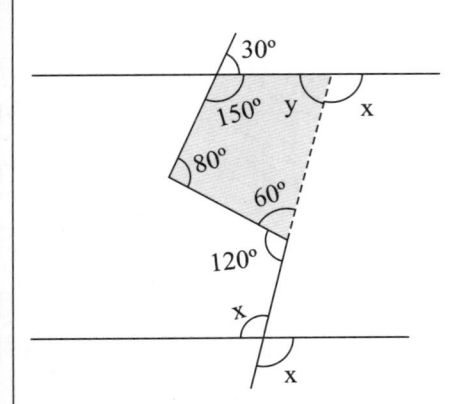

y + 150º + 80º + 60º = 360º ⇒ $\boxed{y = 70º}$

x + y = 180º ⇒ x + 70º = 180º ⇒ $\boxed{x = 110º}$

4º modo: Prolongando-se o segmento AB, obtém-se dois triângulos conforme indica a figura. Não é difícil constatar as medidas indicadas.

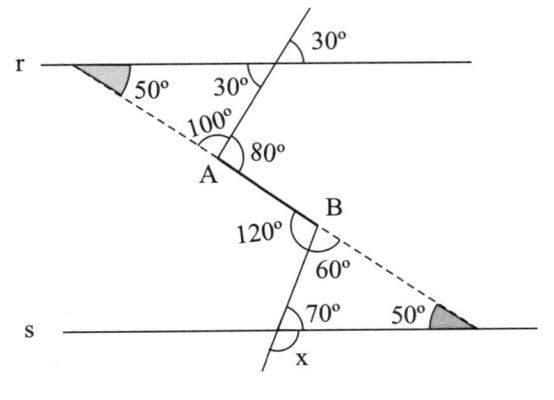

Então, x + 70º
∴ **x = 110º**

Resposta: 110º

Resolvido $\boxed{11}$ Sendo r // s, calcule x.

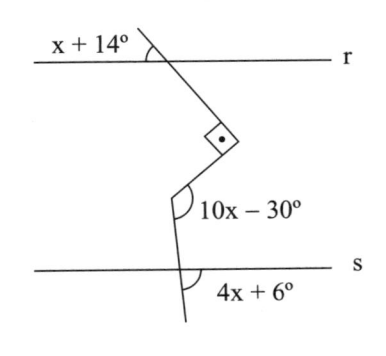

Solução:

$\begin{cases} a + x + 14 + 90 = 180 \\ a + 4x + 6 + 210 - 10x = 180 \end{cases}$

Portanto:

a + x + 14 + 90 = a + 4x + 6 + 210 - 10x

Daí

$\boxed{x = 16º}$

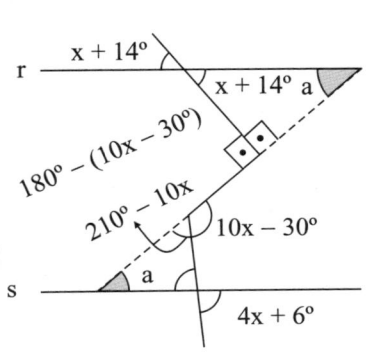

Resposta: 16º

127

205 Determine o valor das incógnitas, dado que **r** e **s** são paralelas.

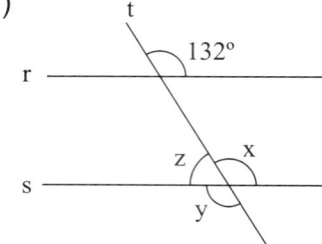

a) r, t com ângulos x, y e 62°

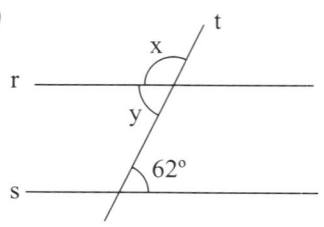

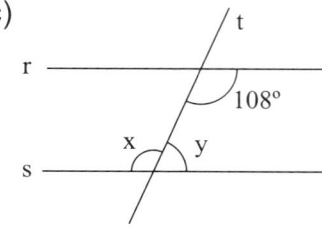

b) r, s, t com 132°, z, x, y

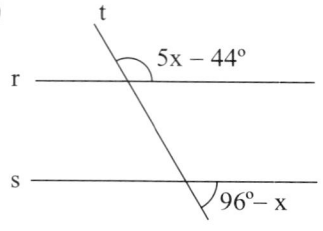

c) r, s, t com 108°, x, y

d) r, s, t com 5x − 44° e 96° − x

e) r, s, t com 6x − 56°, 140° − x, y

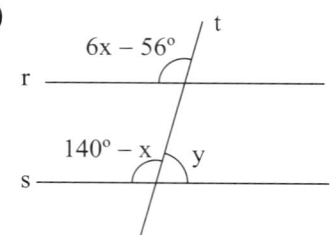

f) r, s, t com 5x, 3y + 14°, 7x − 12°

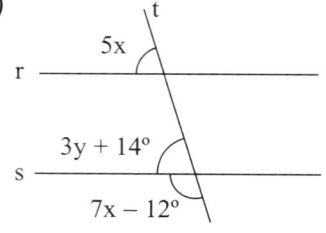

g) r, s, t com 10x + 6°, 5x + 2y, 12y − 38°

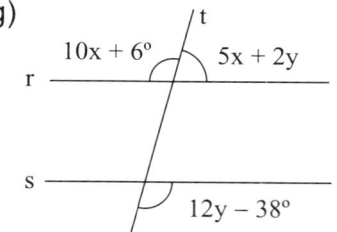

h) r, s, t com 4x, 4x + 2y, 6y + 40°

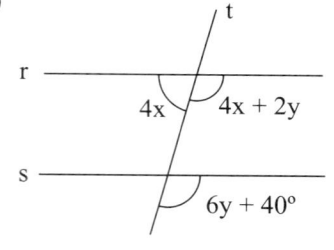

i) r, s, t com 4y + 5°, 3y − 6x, 10x + 13°

128

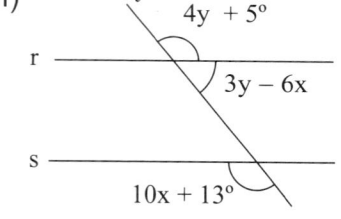

206 Nas figuras abaixo tem-se r // s. Determine as incógnitas.

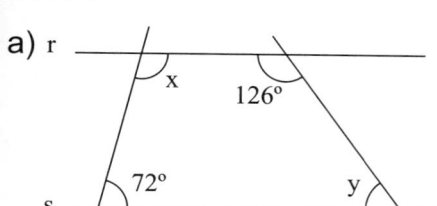

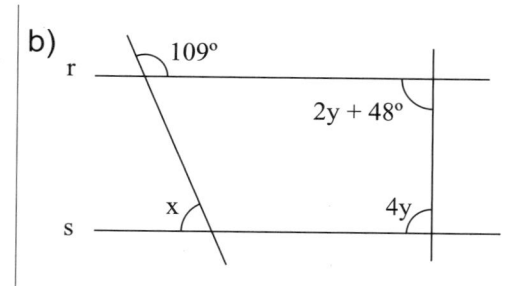

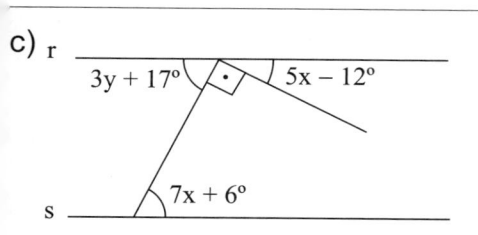

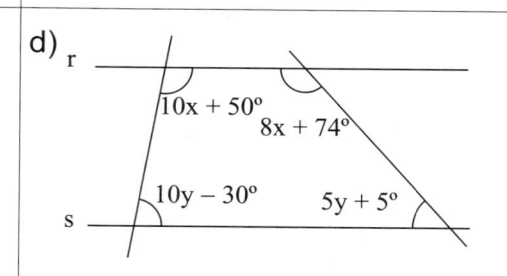

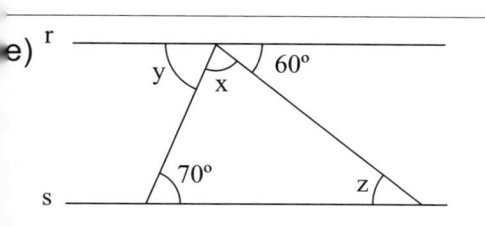

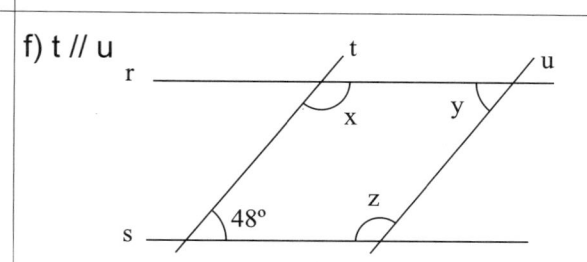

a) Ângulos: x, $126°$ (em r); $72°$, y (em s).

b) Ângulos: $109°$, $2y + 48°$ (em r); x, $4y$ (em s).

c) Ângulos: $3y + 17°$, $5x - 12°$ (em r, com ângulo reto entre elas); $7x + 6°$ (em s).

d) Ângulos: $10x + 50°$, $8x + 74°$ (em r); $10y - 30°$, $5y + 5°$ (em s).

e) Ângulos: y, x, $60°$ (em r); $70°$, z (em s).

f) t // u. Ângulos: x, y (em r, entre t e u); $48°$, z (em s).

207 Determine as incógnitas das figuras abaixo (considere **r** paralela a **s**, sempre que estas retas forem indicadas no desenho).

a)

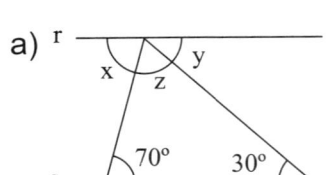

b)

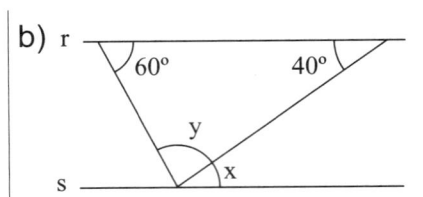

c)

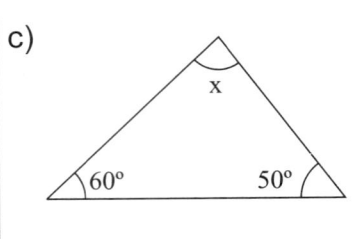

d)

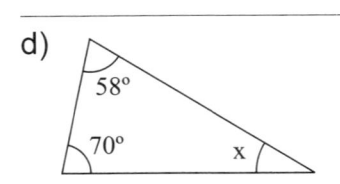

e)

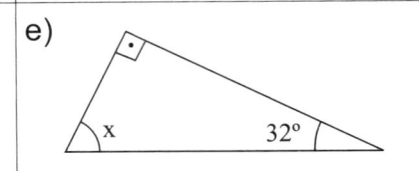

f)

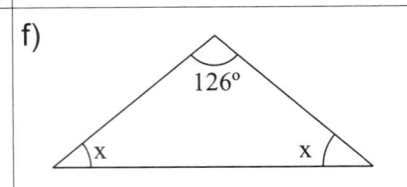

g)

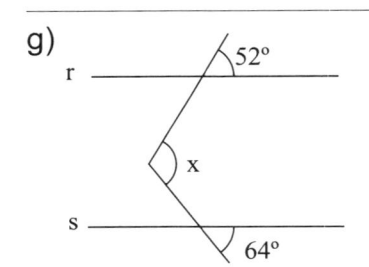

h)

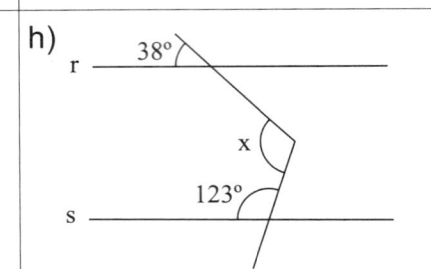

i)

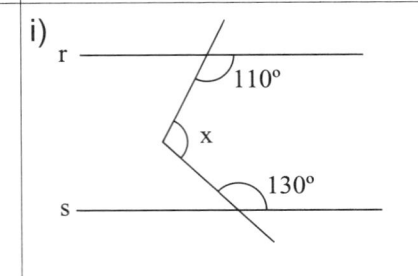

j)

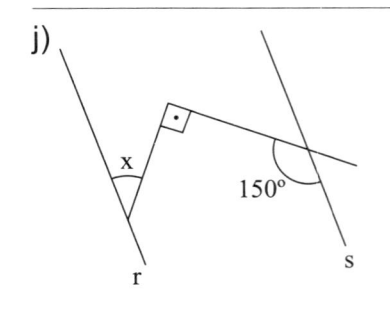

l)

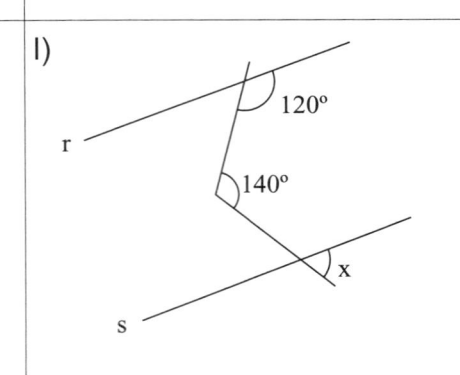

m)

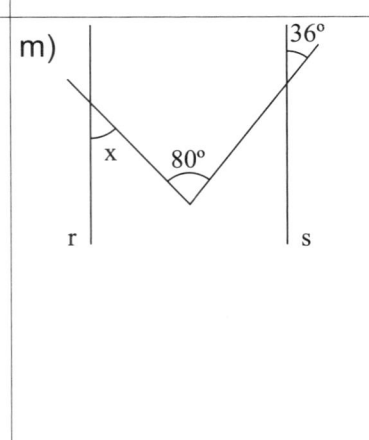

208 Nas figuras abaixo tem-se r // s. Determine as incógnitas.

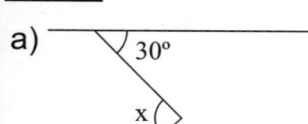

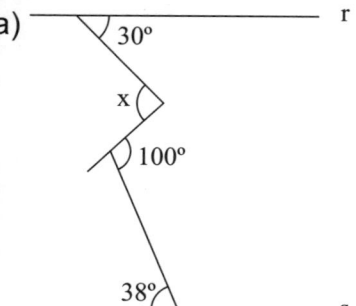

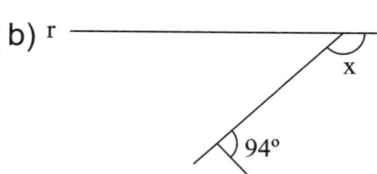

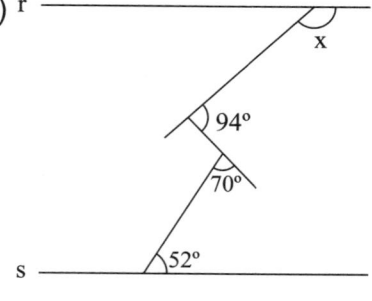

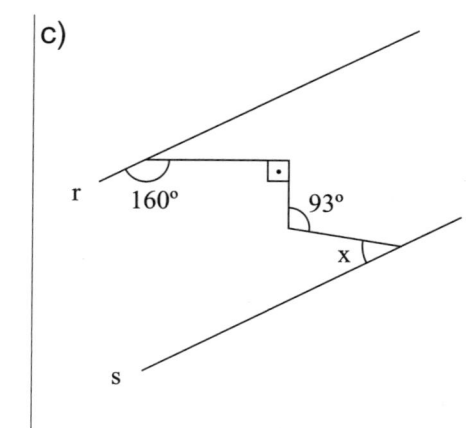

a) [30°, x, 100°, 38°]

b) [94°, x, 70°, 52°]

c) [160°, 90°, 93°, x]

209 Na figura abaixo tem-se r // s. Determine **x**.

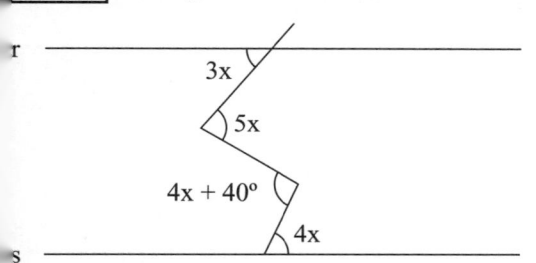

[3x, 5x, 4x + 40°, 4x]

210 Determine x, sendo r // s.

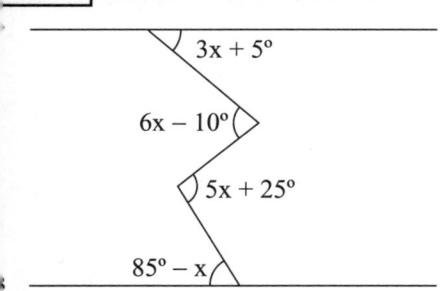

[3x + 5°, 6x − 10°, 5x + 25°, 85° − x]

131

211 (FGV – 74) Considere as retas r, s, t, u, todas num mesmo plano, com r // u. Determine o valor em graus de 2x + 3y.

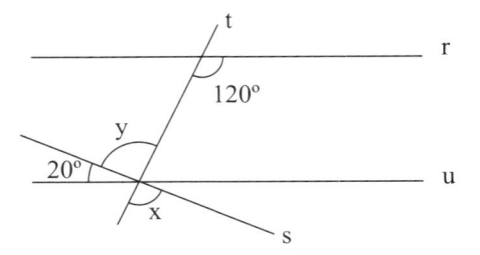

212 (FUVEST – 96) Determine a medida do ângulo assinalado como **x**.

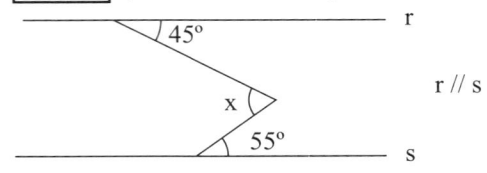

r // s

213 (FUVEST – 98) Sendo **t** e **s** paralelas, determine a medida do ângulo **x**.

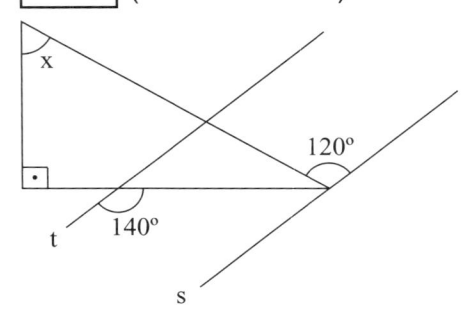

214 (CESGRANRIO – 89) Na figura, as retas **r** e **r'** são paralelas, e a reta **s** é perpendicular a **t**. Determine a medida do ângulo **x**.

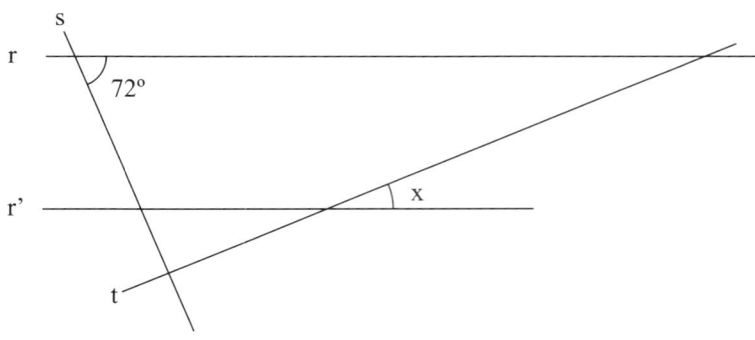

132

Resp: **177** a) 3 cm b) 4 cm **178** a) 2 cm b) 9 cm **179** a) 13 cm b) 10 cm **180** 25 cm **181** 175 cm **182** 16 cm **183** a) x = 7 cm , y = 10 cm b) x = 6 cm , y = 2 cm **184** 10 cm **185** x = 3 cm , y = 5 cm **186** 160 cm, 80 cm , 60 cm **187** 13 cm **188** 42 cm ou 22 cm **189** 45 cm ou 105 cm **190** 60 cm e 12 cm ou 90 cm e 18 cm **192** 32 cm **193** a) 53° b) 27° c) 37° d) 18° e) 22° f) 25° g) 9° h) 14° i) 122° **194** a) 6, 29°,151° b) 4° , 142°, 38° c) 15°, 20°, 42° d) 30° , 22° , 50° e) 18° , 9° , 150° f) 20° , 30° , 160° **195** a) 12° b) 8° c) 36° d) 9° e) 15° f) 23° **196** a) 10° b) 17° **197** a) 26° b) 31° **198** a) x = 30° , y = 18° b) x = 20° , y = 12° **199** 62° **200** 64° ou 28° **201** 30° e 10° ou 60° e 20° **202** 96° e 24° ou 160° e 40° **203** 52° **204** 118° **205** a) x =118° , y = 62° b) x = y = 132° , z = 48° c) x = 108° , y = 72° d) 32° e) x = 28° , y = 68° f) x = 16° , y = 22° g) x = 10° , y = 12° h) x = 20° , y = 10° i) x = 14° , y = 37° **206** a) x = 108° , y = 54° b) x = 71° , y = 22° c) x = 8° , y = 15° d) x = 7° , y = 9° e) x = 50° , y = 70° , z = 60° f) x = 132° , y = 48° , z = 132° **207** a) x = 70° , y = 30° , z = 80° b) x = 40° , y = 80° c) 70° d) 52° e) 58° f) 27° g) 116° h) 95° i) 120° j) 60° l) 80° m) 44° **208** a) 92° b) 144° c) 23° **209** 20° **210** 15° **211** 500° **212** 100° **213** 70° **214** 18°

133

Impressão e Acabamento
Bartira
Gráfica
(011) 4393-2911